Manual
of
Learning

TEXTURE
CUT

「質感カット」

習得マニュアル

誰でも「質感」を自由自在に操れるようになる、
魔法のメソッド

高木達也［ROSE］

Manual
of
Learning

TEXTURE
CUT

はじめに

デザインの3大要素「かたち」「色」、そして「質感」。僕が本書を通じて伝えたいのは、その中でも特にヘアデザインのイメージを左右する要素、「質感」についてです。

これだけ美容師の技術力や知識量が向上しても、あいかわらず「質感」についてだけはあやふやなままで、これまで誰も理論的な分析をしてきませんでした。しかし、僕たちプロフェッショナルは、質感というその曖昧な要素を確実にかたちにし、デザインを通じて人に伝える義務があります。また、時代とともに変化する「美しさ」に対応するために、技術も進化させなければなりません。

それを可能にするのが「質感カット」です。

多様性の時代になり、美容業界も高単価店と低単価店に二極化しました。僕は前者の立場で、サロンの価値を生み出し続けたい。エゴイストかもしれないけど、それでも僕は、お客さまに心の豊かさまで感じてもらえるようなこだわりを、ヘアデザインに注いで提供したいんです。それはMade in Japanならではの繊細で正確な仕事でこそ、実現できるもの。本書では、その方法を余すところなく紹介していきます。

この本が皆さんの技術のエッセンスとなり、クリエイションやサロンワークにおいて正確なデザイン表現を可能にするきっかけになれば幸いです。

『ROSE』代表 高木達也

Contents

第1章

これが、質感だ！

～質感カットの「切り方」を学ぼう～

立地のハンデにとらわれず、売り上げを立て続けるにはどうしたらいいだろうか。
答えは、お客さまが求めるイメージを明確に実現すること。
「なりたい自分」が分からない方なら、美容師が責任をもって導くこと。
そのためには、これまであいまいな言葉で語られがちだった「イメージ」や「質感」を、
論理的に、しっかりかたちにするための技術が必要だ。「質感カット」は、まさにそのためのテクニック。
考案者の高木達也さんは、三重県鈴鹿市に構えるサロンで、カット料金を1万円に設定し
月平均1200万円の店舗売上げ、350万円の個人売上げを誇っている。
彼の成功の秘密、「質感カット」を、ひも解いていこう。

あなたは、「質感」とは何かを説明できますか?

Q. _____

スライドカットでつくる
髪の質感って最高だよね

毛先をセニングで間引いて、
軽い感じを出してみた!

俺は、スタイリングでいくらでも
質感をコントロールできるぜ!

やっぱり、今はやりの質感って、
「ニュアンス系」だと思うわけよ

顔周りのレイヤーをリバースに
動かして、「外国人風の質感」!

質感ってさ、結局あいまいな
言葉だし、イメージの問題っしょ

⇩

これらは、「質感」とは言いません!

「質感」はヘアデザインの完成に必須!

ヘアデザインの3大要素

かたち ＋ 色 ＋ 質感

ヘアデザインは、上記の3つが組み合わさってできている。その1つ、「質感」をつくるためにはさまざまな技術の組み合わせが必要だが、その根幹をなすのが、本企画で学ぶ「質感カット」だ。

ディテールと「質感」は別モノ!

細部 ≠ 質感
ディテール　　テクスチャー

ベースカット後のドライカットやスタイリングで毛先を動かすことは、「ディテール」を仕上げただけに過ぎず、あくまで「かたち」の範疇。「質感」とは本来、視覚はもちろん、触覚にも訴えかける要素を指し、ディテールとは別ものだ。

「質感カット」とは、こんなカット！

「『質感カット』というものがあるのは分かったけれど、結局、それってどんなカット？」。
ごもっとも。まずは、質感カットの概要について、このページで説明しよう。

切り方　引き出したパネルに、均等なチップでシザーズを入れるカット

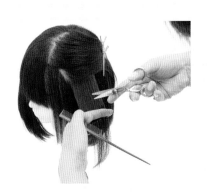

質感カットの方法は、引き出したパネルに、決まった所作、決まった間隔で毛束を間引くようにシザーズを入れていくもの。この作業を全頭に行なうことで、ベースのかたちを変えずに髪の動きや手触りをコントロールできる。

位置づけ　「フルデザイン」をつくるための大事な技術

質感カラー ――――

パーマ（質感パーマ） ――――

質感スタイリング ――――

カット

かたちづくり
- ベースカット
- 骨格補整
- 毛量調整

イメージづくり
- 質感カット
- ディテールカット

**すべてを組み合わせて
つくるのが、「フルデザイン」**

『ROSE』では、左に示したようにあらゆる技術を駆使して、「ヘアデザインの3大要素」（前ページ参照）を組み合わせ、1つのヘアデザイン（同店では、「フルデザイン」と呼んでいる）をつくり上げている。質感カットは、数あるカット技術の中の1つで、「イメージづくり」のために施すものという位置づけ。

使いどころ　ウエットカット後、ドライの状態で入れる

質感スタイリング　←　質感カラー or パーマ　←　ドライカット（毛量調整・質感カット・ディテールカット）　←　ウエットカット（ベースカット・骨格補整・毛量調整）　←　カウンセリング（イメージ決定）

質感カットは、ウエットカット後に、ドライの状態で入れる。その後に、さらに「ディテールカット（第3章で解説）」を施す。場合によっては、質感カットの前に毛量調整を入れることもある。

質感カットの「スタメン」をご紹介！

質感カットで目指す「質感」の種類は、全部で5つ。
シザーズを入れるときの「ピッチ幅」を変えることで、5種類を自在につくり分けられるのだ。

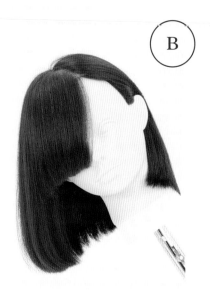 B

 A

全て、肩上レングスのローグラデーション
ベースの上に質感カットを施している。横ス
ライスで構成されたローグラは、質感カット
を練習するときの最も基本的なスタイルだ。

やわらか
ふんわりした硬さのない髪

さらさら
1本1本が軽く揺れる髪

 E

 D

 C

しっとり
落ち着いた潤いのある髪

なめらか
凹凸のないツルツルの髪

しなやか
弾力と軽さ、潤いのバランスが整った髪

A

さらさら | 1本1本が軽く揺れる髪

↑A〜Eの各スタイルについているQRコードから、実際にウィッグを振って髪を動かした様子をチェック！

ウイッグを回転させると、髪の毛1本1本がサラサラと音を立てるように動く様子が分かる。

「A さらさら」を目指すときのピッチ幅は、1ミリと非常に細かい。少しずつ間引いて、軽い質感をつくる。

※イラストは全てイメージ。パネルに対してのピッチ幅の割合は、実際のものとは異なる。

動きの軽さや、指通りの良さが特徴的な「A さらさら」。基本的にドライなスタイリングに適しており、サロンワークでは、フレッシュ／ガーリー／キュートなイメージをつくるときに多用される。

やわらか | ふんわりした硬さのない髪

B

ウイッグを回転させると、髪が風に揺れたかのような、自然な動きを見せる。

「B やわらか」のピッチ幅は、3ミリ。程よく細かく間引いていくことで、髪から硬さを取り除く。

いわゆる「エアリーな質感」に相当するのがこの「B やわらか」。「A さらさら」よりもナチュラルな動きを表現することができる。実際に手で触れてみると、ふんわりとした髪の動きや質感を感じられる。

C

しなやか

弾力と軽さ、潤いのバランスが整った髪

ウイッグを動かすと、自然な軽さとやわらかさで髪が下に落ちる。

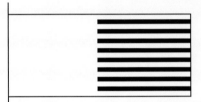

「C しなやか」を施すときのピッチ幅は5ミリ。太すぎず、細すぎずを意識してシザーズを入れる。

5つのちょうど真ん中に位置する「C しなやか」は、重さと軽さのバランスが最も良く、使い勝手の良い質感。髪の弾力が程よく残り、自然な手触りが楽しめる。パーマでさまざまなイメージをつくり分けるときにも。

なめらか

凹凸のないツルツルの髪

D

髪を動かすと、ある程度のやわらかさを保ちつつも、少し重さを伴いながら下に落ちる。

「D なめらか」のピッチ幅は、やや太めの7ミリ。チップ同士の間をあけながら施していくことで、表面に凹凸が出るのを防ぐ。

髪の表面がつるつるに仕上がり、なでたときの手触りに特徴がある質感。ややウエット寄りのスタイリングに適しており、クールやエレガントなど、落ち着いたイメージをつくるのに便利。

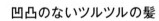

E ｜ しっとり ｜ 落ち着いた潤いのある髪

回転させると、髪全体が動いて一瞬で下に落ちる。動きの中にも重さを感じさせるのが特徴。

「E しっとり」をつくるときは、ピッチ幅は最も太い9ミリに設定。まばらに施すことで、髪に重さを残す。

5つの質感カットの中で、髪の潤いや重さを最も強く感じさせるのがこの質感。その名の通り、ウエットなスタイリングで仕上げるときに適しており、グラマラスで大人っぽい印象をつくるときに使いやすい。

まとめ

Aは最も軽くてドライ
Eは最も重くてウエット

「A さらさら」〜「E しっとり」までの質感について、それぞれの特徴や使いどころを学ぶときには、「軽さ」や「ウエット感」が5段階でどこに位置するのかを想像すると覚えやすい。

質感の名付け方にも
大切な意味がある

5つの質感には、すべてポジティブなイメージの言葉から名前が付けられている。それは、お客さまの前で質感に関する話をするときに、ネガティブな印象を与えないため。「パサパサ」「ぬるぬる」「じとじと」などのワードは使わないようにしたい。

全頭で入れるのは1種類だけ
目的を持って質感を選ぶ

1つのスタイルにおいて、使用する質感カットは1種類だけで、部分的に使い分けたりはしない。質感カットの先には、目指すヘアデザインの「イメージ」が明確にあることが重要で、質感カットとスタイリング等の他の技術を組み合わせ、ゴールを1直線に目指す。

次のページから、質感カットの「切り方」をいよいよ伝授！

実際に切ってみよう。

質感カットの「切り方」を覚えよう

ウイッグを用意して、さっそく質感カットに挑戦してみよう！
切り方の「基本のき」から、シザーズの刃を入れるときの注意事項まで、順を追って説明する。

❷ 姿勢を確認しよう

顔はパネルに対して正面に位置させ、かつ、30センチ以上の距離をとって施術する。❺で解説するように、チップを均等にとり、同じ深さで切るには、パネル全体を見渡すことが大切だからだ。

肘は床に対して水平に保つ。肘が下がっていると、シザーズを細かく、正確に動かすことができず、求める質感をつくれなくなってしまう。

❶ ミニシザーズがオススメ

質感カットでは、チップをミリ単位で取っていく繊細な作業が必要となるため、小回りの利くミニシザーズを使うと便利。もちろん、一般的なシザーズでも施術は可能。

❸ シザーズの角度を覚えよう

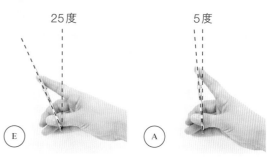

例：「E しっとり」の場合　　例：「A さらさら」の場合

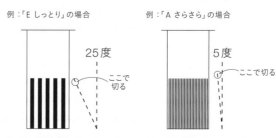

引き出したパネルの毛流れの向きを0度とした場合、シザーズを当てる角度は、求める質感によって変える。「A さらさら」は5度、「B やわらか」は10度、「C しなやか」は15度、「D なめらか」は20度、「E しっとり」は25度と、5度ずつ傾け、チップを少しずつ太くしていく。

❹ ベースカットと同じスライスから、パネルを45度に引き出す（グラベースの場合）

基本的にベースカットと同じスライスを取り、パネルを頭皮に対して45度に引き出して施術する。最初は、ローグラスタイルで練習するので、すべて横スライスで引き出す。

上げすぎ・下げすぎは、シザーズの入れ方を均等にコントロールできない。

⑤ 均等なチップ（＆ピッチ幅）をとりながら、切ってみよう

Ⓔ しっとり（9ミリ）

Ⓓ なめらか（7ミリ）

Ⓒ しなやか（5ミリ）

Ⓑ やわらか（3ミリ）

Ⓐ さらさら（1ミリ）

入れる質感（＝チップ幅）を決める

均一なチップ幅でカットしていく

2

シザーズを閉じながら、求めるピッチ幅の分だけ左にずらしつつ、毛先に向かってシザーズを動かして、毛束を間引く。

1

パネルを引き出し、「求める深さ（P14右下参照）」に合わせて、右端にシザーズの刃を当てる。シザーズの角度は、求める質感に従う（P15❸参照）。

POINT

シザーズの先は、5ミリほど開く。パネルに対してシザーズを縦に入れて、閉じながら動かすことで少しずつチップ状に毛束を削っていく。

4

2同様にシザーズを閉じながら動かし、毛束を間引く。1〜4を、パネルの左端まで繰り返していく。

3

1から、ピッチ幅の分だけ左の位置、かつ1と同じ深さのところにシザーズを開いて1同様に当てる。

CHECK!

パネルに対して、点でカットできている？

シザーズがパネルを突き抜けたり、反対に手前までしか入らないと、取れるチップの太さがバラバラになってしまい、求める質感を実現できなくなる。

シザーズは、パネルの厚みに対して、裏側に出ないギリギリのところまで入れる。その位置をキープすることで、チップがより均一になる。

CHECK!

すべて、同じ深さで切れている？

深さが少しずつ変わると、縦スライスではインナーグラデーションやインナーレイヤーのようになり、質感ではなくフォルム形成のテクニックになってしまう。横スライスでは、質感を表現する範囲が部位によってバラバラになってしまう。

1枚のパネルの中で、シザーズを入れる深さ（＝毛先からの距離）はすべて同じ。同じ長さのチップを均等なピッチで間引いていく。

Manual of Learning TEXTURE CUT

⑥ 入れ方のルールを学ぼう

入れる場所／入れない場所

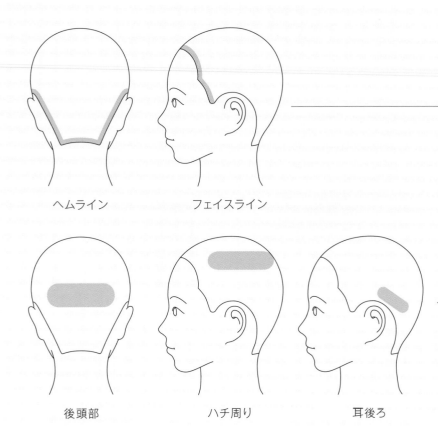

ヘムライン　　フェイスライン

後頭部　　ハチ周り　　耳後ろ

デッドゾーン（生え際周辺）には入れない

生え際の1線は、もともと動きが出やすい場所。質感カットを施すと、過剰な動きが出てしまうので、あえて入れずに残しておく。ヘアカラーのホイルワーク技術でいうところの「カバーリング」に相当する考え方だ。

コレクトゾーン（毛量がたまりやすい場所）を意識する

ハチ周り、耳後ろ、後頭部など、毛量が多くなりがちな部分を「コレクトゾーン」と呼ぶ。これらの箇所では、他の部分よりもパネルを薄く取ったり、特に量が多い場合は質感カットの前に毛量調整を行なったりするなどの工夫が必要。

パネルの厚さ

間引く毛量が多い

間引く毛量が少ない

0.5 センチ　　1 センチ　　1.5 センチ

毛量によって変える

質感カットで引き出すパネルの厚さは、毛量に合わせて決める。標準を1センチに設定し、毛量が多いお客さまの場合はやや厚めに、少ない場合はやや薄めに取る。厚めに取るほど、間引かれるチップの量は増える。

チップの深さ

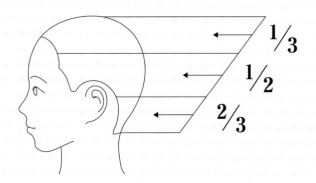

1/3　1/2　2/3

セクションごとに決まっている

チップの深さ（＝毛先側からの距離）は、3分の1、2分の1、3分の2の3種類。どれを選ぶかは、カットベースとセクションの兼ね合いで決まる。最初に学ぶグラベースの場合は、上図のようにアンダー〜オーバーへ向かうにつれて、徐々に浅くしていく。

⑦ 切ったパネルの状態を確認しよう

Ⓑ

やわらか

Ⓐ

さらさら

質感カットを1パネルに施して、切ったチップの様子。このように、均一なピッチ幅、太さ、長さの毛束がとれれば◎。

Ⓔ

しっとり

Ⓓ

なめらか

Ⓒ

しなやか

上記は、各1枚のパネルに質感カットを1種類ずつ施して、間引いた毛束を取り除いたもの。ピッチ幅が太くなるにつれ、シザーズを入れた部分に境目がくっきりと出ている。最初に質感カットを練習するときは、このように、パネルにまっすぐな線ができているかを確認してみよう。

× NG 2

セニングと質感カットは 全くの別物

毛束を間引くという共通点はあるものの、セニングシザーズで間引くと、毛量が減りすぎて毛先が薄くなり、質感カットとは別ものになってしまう。

× NG 1

「深さ」がバラバラでは 質感カットの効果が出ない

シザーズの深さが均一でないと、写真のように、境目がガタガタに見える。これでは、正しい効果が得られない。

Manual of Learning TEXTURE CUT

15

正しい方法でカットしなければ
「質感」は手に入らない

「質感」は、なんとなくの感覚でつくれるものではない。「質感カット」においてはパネルの引き出し方から、シザーズの入れ方、動かし方に至るまで、さまざまな決まりごとを守りながら施すことで、初めて実現できるもの。質感カットを施した髪は、動きや手触りなども含めた、真の意味での「質感」が生まれる。全7章を通して、使いこなせるようになろう。

宿題

 自分で切ったグラベースのウイッグに、
質感カットを入れてみよう

 ←  ←

入れ方に慣れてきたら、全頭に施してみる。仕上がりを目で見るだけでなく、動きや手触りも確認する。

ベースを切ったウイッグから、再び同じ横スライスでパネルを引き出して、A〜Eのうち1つを選んで質感カットを入れる。

質感カットのベーシックの練習は、グラベースから始める。まずはウイッグを1体切る。

質感カットは、サロンごとに異なるさまざまなカット方法に合わせて使用することが可能。自分で切ったウイッグを用意して、質感カットを入れる練習をしよう。まずは1パネル。慣れてきたら、全頭に入れてみてほしい。

 A〜Eの中から2つ以上を選んでカット!
触って違いを実感しよう

①で切ったものとは別の種類の質感カットも、同じカットベースのウイッグに入れてみよう。施術後、それぞれのウイッグを動かしたり触ってみたりして、その違いを実感してみると、より分かりやすい。

第 2 章

グラ＆レイヤーと
質感カットの組み合わせ

〜いろいろなカットベースに質感を出そう〜

質感カットの基本、グラベースへの施術をマスターしたあなたが
次に進むべきは、レイヤーベースに対する施術。
独自のルールを覚えてしまえば、あらゆるカットベースへ
質感カットを応用させることができるのだ。

カットベースに合わせて質感カットを入れよう

レイヤーベースに質感カットを入れるときは、グラベースの時と少しだけ、基本ルールが変わる。
下で説明する3つさえ頭に入れれば、どんなカットベースにも質感カットを適応させることができる。

（ レイヤー×質感カットのルール ）

ルール 2 パネルを引き出す方向は「流したい方向」で決まる

ハの字なら後方に引き出して施術　V字なら前方に引き出して施術

仕上がりでフォワードへ流したいかリバースへ流したいかによって、ベースカットのスライスの取り方が変わる。質感カットを入れるときは、ベースの切り方に合わせ、スライスがV字（リバース狙い）なら前方に、ハの字（フォワード狙い）なら後方に引き出す。ベースカットと異なる引き出し方では、ほしい質感がつくれない。

ルール 1 パネルを引き出すのは「頭皮に対して45度」

グラベースの時は、頭皮から45度の高さにパネルを持ち上げて質感を入れていた。レイヤーベースでも基本的な条件は同じ。斜めスライスの傾きに合わせて、頭皮に対して45度にパネルを引き出す。

ルール 3 質感を入れる深さはレングスで決まる

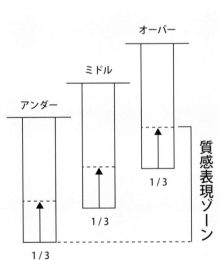

オーバー　1/3
ミドル　1/3
アンダー　1/3
質感表現ゾーン

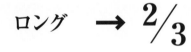
ロング → 2/3

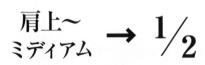
肩上～ミディアム → 1/2

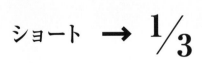
ショート → 1/3

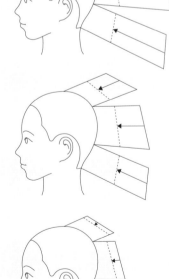

グラベースでは、質感を入れる深さは部位によって決まっていた。対してレイヤーベースの場合は部位ではなく、レングスによって深さが決まる（求めるデザインによっては、右図の基準から深さが多少前後することもある）。髪に段がつくことで、同じ深さで入れた質感が少しずつズレて重なり、全体的な手触りや動きに質感を生み出す。

質感カットの「スタメン」をレイヤースタイルに施してみた

質感カットを代表する5種類の「スタメン」。
それを、全頭にレイヤーを施した髪に入れるとどうなるのか、比較してみた。

Ⓒ しなやか　　Ⓑ やわらか　　Ⓐ さらさら

Ⓔ しっとり　　Ⓓ なめらか

全体をセイムレイヤーで構成したミディアム。シンプルなカットベースのウイッグに、5種類の質感カットを施して比較することで、レイヤーカット上での質感の違いを観察する。

Ⓐ ｜ さらさら ✕ レイヤースタイル ｜

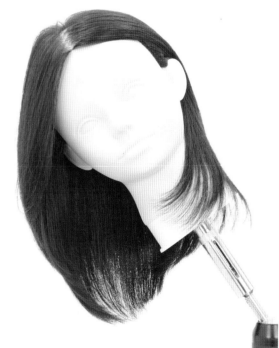

最も軽い質感である「Ａ さらさら」では、髪の1本1本が揺れ動き、下に落ちる。その特徴は、グラベースに施したときよりも、顕著に感じられる。

やわらか × レイヤースタイル

「エアリーな質感」である「B やわら
か」。ウイッグを傾けると、やや束感
を感じさせつつ、ふんわりと下に落
ちる。正面から見たシルエットは、「A
さらさら」よりもひし形に見える。

しなやか × レイヤースタイル

もっともナチュラルな「C しなやか」
では、ウイッグを傾けると、髪は自然
に動いて落ちる。正面から見ると、「A
さらさら」「B やわらか」よりもやや
ウエイトが上がって見える。

なめらか ✕ レイヤースタイル

D

大人っぽい雰囲気をつくるのに適した「D なめらか」では、ウイッグを傾けたときでもそこまで髪は動かずに、落ち着いたイメージに。前後から見たときのシルエットはややフラットな印象。

E

しっとり ✕ レイヤースタイル

最も重さのある「E しっとり」では、傾けても髪はほとんど動きを見せずに下に落ちる。シルエットは、ウエイト高めのひし形になり、レイヤー感が際立つ。

実践! 質感カット×レイヤーオングラ

第1・2章では、それぞれグラとレイヤースタイルの質感カットの基本を学んだ。しかし、実際のカットベースは、この2つがミックスされていることがほとんど。質感の入れ方に慣れてきたら、さっそく実践してみよう。

ベースカット終了後

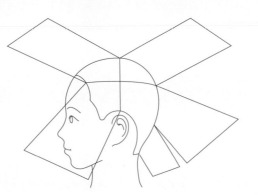

アンダーのグラはレングスが短いため、今回は質感を入れない。ミドルセクションは、横スライス、オーバーセクションは斜めスライスで構成されているので、ベースのスライスに合わせて頭皮に対して45度にパネルを引き出しながら、質感カットを進めていく。

ベースカットが終わった状態のウイッグ。アンダー・ミドルセクションはグラデーションで、オーバーセクションはレイヤーでカットされている。

入れる質感は「Aさらさら」!

CHECK 2	CHECK 1
入れる深さは½!	ピッチ幅は1ミリ!

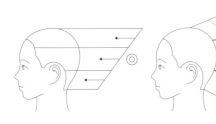

ミドルのグラは、「セクションに合わせて」パネルの毛先側から2分の1の深さにシザーズを入れる（第1章14ページ参照）。また、肩上レングスなので、オーバーのレイヤーも2分の1の深さに（18ページ参照）。結果として、全頭に全て同じ深さの質感カットを施すことに。

本章のプロセスでは、軽やかな仕上がりを目指したいので、質感は「Aさらさら」を選択。施すピッチ幅は1ミリで、細かく均等に質感カットしていく。

バック（ミドルセクション）

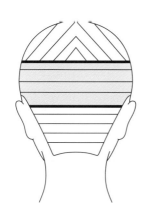

2

シザーズの先を5ミリほど開き、パネルの毛流れに対して5度傾けて（「A さらさら」の角度）、パネルの端に当てる。深さは毛先から2分の1の部分。

1

ベースカット時と同じ横スライスを取り、パネルを引き出す。毛量は「ふつう」であることを想定し、厚さは約1センチ。頭皮に対して、45度の高さに持ち上げる。

5

ミドルセクションの最後のパネルに施術しているところ。最後までしっかり、2分の1の深さに入れていく（※3）。

4

コレクトゾーン（※2）では、パネルをやや厚めに取る。

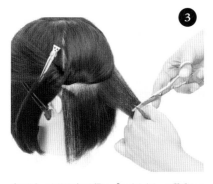

3

そこから、1ミリのピッチ幅で、「A さらさら」の質感カットを施していく。

※2
コレクトゾーンとは

後頭部

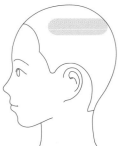

ハチ周り

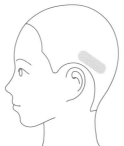

耳後ろ

頭の中でも、毛量がたまりやすい部分（第1章14ページ参照）。他の部分よりもパネルをやや厚めに取り、通常よりも多くの毛束を間引くようにする。

※1
アンダーが短い場合は質感を入れない

今回のように、アンダーセクションのレングスが短い場合は、質感カットを入れてもあまり意味がない。ただし、質感カットの後に用いる「ディテールカット」（第3章で説明）は全頭に入れる。「A さらさら」に対応するディテールカットはレザーを使用するので、時短のために、ベースカットの段階でアンダーをレザーで切っている。

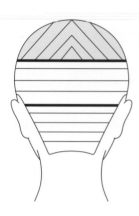

6

ベースカットの、ハの字状の斜めスライスに合わせて、再度スライスを取る。

7

❻のスライスから、頭皮に対して45度の角度にパネルを引き出す。

8

肩上レングスなので、毛先から2分の1の深さにシザーズを当てる。

9

均一な深さ、均一な1ミリチップで質感カットを施す（※4）。そのまま、トップまで進めていく。ハチ周りのコレクトゾーンでは、パネルを厚めに取る。

10

左側の最後のパネルに施術しているところ。最後まで均一なチップを取る。

※4
角度に気をつけよう

斜めスライスは、パネルの引き出し方や質感を入れる深さが均一にならずにガタガタになってしまうこともある。最初はゆっくり、角度や深さを見極めながら施術していこう。

※3
質感表現ゾーンの重なりを意識しよう

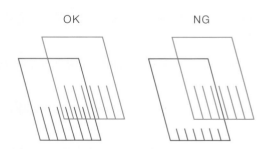

OK   NG

質感カットの作業を繰り返しているうちに、下のセクション（今回はミドルのグラ）に質感を入れる深さが浅くなってしまうことがある。そうすると、上のレイヤー部分と質感が重ならないので、質感効果が得られにくくなってしまう（右図）。グラ、レイヤーそれぞれの深さを常に確認して、全頭で質感が表現できるように意識しよう（左図）。

サイド

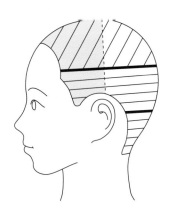

バックに、質感カットを入れ終わった状態。施術前よりも、フォルムの丸みがやや目立たなくなっている。

右側も、左側同様に斜めスライスで質感カットを入れていく。

左サイド、ミドルの最後のパネルを施術しているところ。デッドゾーンを外すのを忘れずに。

頭皮に対して45度にパネルを引き出し、質感カットを入れる。

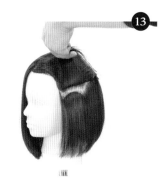

左サイドのミドルセクションに横スライスをとり、質感カットを入れていく。デッドゾーン（※5）を1センチ程度残す。

※5
デッドゾーンとは

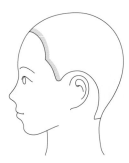

ヘムライン　　フェイスライン

生え際の、毛量が薄い部分（第1章14ページ参照）。ここに質感カットを入れると、効果が出すぎてしまうので、ヘアカラーの「カバーリング」のように、生え際の約1センチは入れずに残す。特に、顔周りのデッドゾーンは毛量が少ないので、忘れずに残す。

⑯ オーバーセクションは、バック同様に斜めスライスを取る。

⑰ パネルを後方に引き出し（※6）、質感カットを入れる。

⑱ ハチ周りの「コレクトゾーン」では、厚めのパネルを取る（※7）。

⑲ 左サイドオーバー、ラストのパネルに施術しているところ。生え際は残す。

⑳ 左サイドのみ、質感カットを入れ終わった状態。フォルムの「もっさり」した感じがなくなってる。

㉑ 右サイドも、左と同じく⑬〜⑲同様の質感カットを施す。

※7
コレクトゾーンの毛量が多すぎたら？

特にたまる髪の量が多い場合は、質感カット中は標準の厚さでパネルを引き出して施術。質感カット終了後に、梳き率30パーセント程度のセニングシザーズで、毛量調整を行なう。ただし、これはかなり毛量が多い場合の対処法。基本的には、質感カット中のパネルの厚みによる対応を優先。

※6
スライスの角度に合わせて引き出す

ベースのスライスがハの字であれば、パネルは後方に引き出し、フォワードへの動きに合わせる。V字であれば、前方に引き出す。
（18ページ参照）

質感カット終了！

「Aさらさら」の質感カットを全頭に入れ終わり、軽くブローした状態。長さやボリューム感等はBeforeとそこまで変わらないが、全体にフォルムがすっきりとした印象になっている。ウイッグを傾けると、「Aさらさら」ならではの1本1本揺れ動く髪の動きを感じられる。

次は……

第3章では、このウイッグの上から、質感カットの効果をより際立たせる「ディテールカット」、さらに、質感カットとマッチした「質感スタイリング」を施して、スタイルを完成形へと導いていく。

レイヤーにはレイヤーの
質感カットのルールがある

質感カットを学ぶときは、まず第2章で紹介したグラベースを練習し、次に、本章のレイヤースタイルを練習していくと良い。レイヤースタイルに質感カットを施すときは、入れる深さや引き出す角度など、グラのときと異なる要素が数点あるので、まずはその違いをしっかり覚える。そうすれば、質感カットはどんなカットベースにも対応できる。

宿題

① レイヤースタイルのウイッグを用意して「5つの質感」を練習してみよう

まずは、レイヤーのみで構成したウイッグを準備。そして、ベースカットのスライスに合わせてパネルを引き出しながら、「A さらさら」～「E しっとり」から好きな質感を選んで入れてみよう。

② 22ページ～で実践したウイッグを実際に切ってみよう

例題のように、レイヤー＋グラを組み合わせたウイッグを準備し、「A さらさら」の質感カットを入れてみよう。完成したウイッグは、次章でも使用する。

Manual
of
Learning

TEXTURE
CUT

第 3 章

ディテールカットと質感スタイリング

～「マッチング」で質感カットの完成度を高めよう～

グラ・レイヤーベースのヘアスタイルに、自在に質感カットを入れられるようになったら、
つくった質感をより強調するための技術を身に付けたい。
第3章は、質感カットの完成度を高める2つの方法をマスターする。

質感を完成させるための「マッチング」とは

質感カットをサロンワークに取り入れるときは、5つの質感の種類に合わせて
他の技術も最適なものを選んでいかなければならない。

カットの流れ

○ **ベースカット**（全体のかたちをつくる）

○ **質感カット**（全体の質感＆イメージをつくる）

● **ディテールカット**（細部のかたちをつくる）

毛先のかたちと動きを調節して質感をより強調

ディテールカットとは、毛先のかたちを調整すること。すなわち、毛先をどんなカット方法で切るか、の選択を指す。5種類の質感カットによって、その効果を最大限に生かせる毛先のかたちは決まっている。

中略

第3章で学ぶ
2つの考え方

● **質感スタイリング**

目指す質感にマッチしたスタイリング剤を選ぶ

5つの質感カットのうち、どれを入れたかによって、目指す仕上がりがウエットなのか、あるいはドライなのかが決まる。それぞれの質感がマッチするような種類のスタイリング剤を用意し、適したものを選んで仕上げる。

手触りや動きなどをつくる質感カットは、毛先のかたちづくり（＝ディテールカット）とスタイリング（＝質感スタイリング）に連動させることで、効果が増す。逆に、それらの選択を誤ると、質感カットの効果が半減してしまうこともあるのだ。

「ディテールカット」で質感を強調する

全体のかたちをつくるベースカットに対して、細部のかたちを決定づける「ディテールカット」。
その選択の仕方や、施術時の注意点を学ぼう。

ディテールカットの基本ルール

② 質感カットを入れた深さの「1/2 以内」に入れる

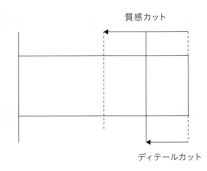

質感カット

ディテールカット

すでに、カットベースや部位によって、質感カットを入れる深さが決まることは学んだ。対してディテールカットを入れる深さは「E しっとり」のブラントカットを除いて（後述）、全て「質感カットを入れた範囲の2分の1以内」に設定。

① 全頭に入れる

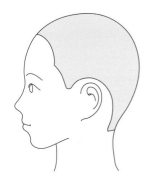

質感カットでは、効果が過剰に出やすい生え際（＝デッドゾーン）の施術を避けるのがルールだった。ディテールカットは質感カットと違い、デッドゾーンを意識せず全頭に施す。

ディテールカットと質感カットのマッチング

C しなやか には
ストロークカット

B やわらか には
スライドカット

A さらさら には
レザーカット

5種類のディテールカットで使う技術は、技法としては特に珍しいものはなく、サロンワークのさまざまな場面で使うものばかり。大切なのは質感と毛先のかたちの「マッチング」だ。もちろん、求める質感の種類に合った切り口でベースを切っていた場合は、わざわざディテールカットを入れる必要はない。

E しっとり には
ブラントカット

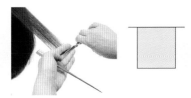

D なめらか には
チョップカット

「5つの質感×ディテールカット」マッチングギャラリー

質感カットにディテールカットが組み合わさると、質感効果は本当に倍増するのか。
入れた場合、入れなかった場合の2パターンを比較しながら、チェックしてみよう。

第3章ではそのウイッグの右サイドにのみディ
テールカットを施して、左右の違いを確認する。

5つの質感カットを施して、それぞれを比較
した（写真は「A さらさら」）。

第2章では、ブラントカットで切ったレイヤー
ベースのウイッグに……。

 　さらさら ✕ レザーカット

A

ディテールカット
あり

ディテールカット
なし

髪の1本1本が独立して動く、「A さ
らさら」では、右サイドの毛先の軽さ
がより強調されて、手触り、動きとも
に効果が倍増している。レザーなら
ではの不ぞろいな毛先が、セニング
によってつくる薄さとは異なる程よい
軽さで、狙う質感をサポート。

やわらか ✕ スライドカット

B

ディテールカット
あり

ディテールカット
なし

エアリーな動きを狙うための「B や
わらか」では、スライドカットで先細
の毛束をつくって組み合わせる。質
感カットによってすでに手触りも軽く
なっているが、スタイリングすると、
左サイドに比べて毛束を動かしやす
くなっていることが実感できる。

しなやか ✕ ストロークカット

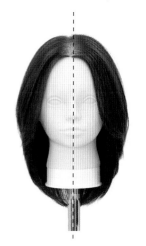

重さと軽さのバランスが取れた「C し
なやか」では、ストロークカットで間
引かれた毛先を組み合わせると良い。
ナチュラルな中にも、程よく遊び心の
ある仕上げが可能になり、デザインの
幅が広がる。ディティールカットをし
ていない左サイドは毛先が重い。

ディテールカット
あり

ディテールカット
なし

なめらか ✕ チョップカット

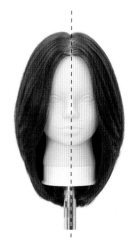

やや落ち着いた印象の「D なめらか」
では、毛先はチョップカットで軽く不ぞ
ろいにする。ディテールをつくり込みす
ぎると、狙ったスタイリングをしにくくな
るので、適度に入れる。ディテールカッ
トをした右サイドの方が、毛先にちょっ
とした動きのニュアンスをつくりやすい。

ディテールカット
あり

ディテールカット
なし

しっとり ✕ ブラントカット

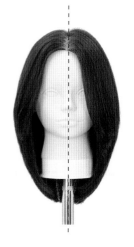

最も潤いを感じさせる「E しっとり」で
は、毛先にも動きを出したくないので、
基本的にはディテールカットを「入れ
ない」。最初から、ベースをブラントに
切っておく。
※「E しっとり」の見本ウィッグは、他の5つとは
異なり、ベースからチョップカットで切っている。

ディテールカット
あり

ディテールカット
なし

「質感スタイリング」で質感を完成させる

いくら心を込めてカットしても、スタイリングでその狙いが薄れてしまっては、意味がない。
特に質感カットは、つくった質感にマッチするスタイリング剤を選ばなければ、手触りや軽さ等の効果が得られなくなってしまう。

スタイリングと質感カットのマッチング

「A さらさら」〜「E しっとり」まで、5段階の質感に合わせて、目指すウエット／ドライ感は下のように決まっている。
この目標を忘れないようにしてスタイリング剤を選ぶ。

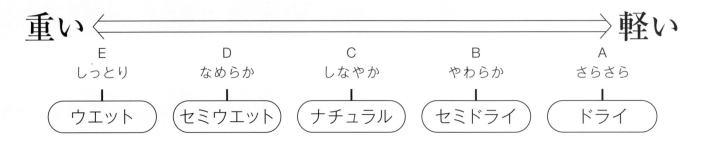

重い ←				→ 軽い
E	D	C	B	A
しっとり	なめらか	しなやか	やわらか	さらさら
ウエット	セミウエット	ナチュラル	セミドライ	ドライ

スタイリング剤ごとの使いどころ

ここでは、主なスタイリング剤の種類ごとに、得られる効果と、どの質感にマッチするかをリスト化した。
ただし、製品によっては、必ずしもこの範ちゅうに収まらないこともあるので、実際に使用感をチェックしてから決めたい。

ワックス
動きと束感を出すのが目的。ドライ系（A さらさら）〜セミウエット系（D なめらか）まで幅広いラインアップがあるので、適切に選べば、比較的どの質感にも対応させやすい。

クリーム
動きとツヤを出すのが目的。セミドライ系（B やわらか）〜セミウエット系（D なめらか）まで種類が豊富なので、ワックス同様にさまざまな質感に対応させやすい。

オイル
束感とツヤを出すために使用。製品によって、ナチュラル系（C しなやか）〜ウエット系（E しっとり）までの展開が主流。

スプレー
髪を固め、ツヤ感を出すことが目的。ドライ（A さらさら）〜ウエット（E しっとり）まで、非常に幅広い種類が展開されている。

ジェル
髪を固め、ツヤ感を出すことが目的。セミウエット系（D なめらか）〜ウエット系（E しっとり）に適した質感をサポートしてくれる。

ミルク
髪に束感とツヤを出すことを目的に使用。セミドライ系（B やわらか）〜セミウエット系（D なめらか）までの質感に対応するものがほとんど。

ムース
髪に動きを出しつつ、固めることを目的に使用。ドライ系（A さらさら）〜ウエット系（E しっとり）まで種類は豊富で、付けた時の髪の水分量によって効果が変わる。

ポマード
髪を固め、ツヤを出すために使用する。ウエット系（E しっとり）かつ、タイトな面構成のヘアデザインに対応。

CHECK

「ミスマッチ」な
仕上がりにご用心

求める質感とマッチしないスタイリング剤を選ぶと、質感効果が半減してしまう。上／「B やわらか」をオイルで仕上げると、全体のエアリーな質感が全く出ない。下／「D なめらか」をドライ系のワックスで仕上げてしまうと、中途半端に広がって、まとまりがなくなる。

「5つの質感×質感スタイリング」マッチングギャラリー

32-33ページでディテールカットを施した5種類のウイッグを、スタイリングして比較してみよう。
質感スタイリングによって、質感効果が増幅されている様子を確認したい。

ここでは、左にもディテールを
つくった上で、全体に「質感ス
タイリング」を施す！（「Aさらさ
ら」以外の4つは、アイロンス
タイリングも行なっている）

32-33ページでは、右サイドに
ディテールカットを入れた（写
真ではレザーを使用）。

質感カット（写真は「A さらさ
ら」）を入れたものを使用。

おなじみのレイヤーカットのウ
イッグに……

A ｜ さらさら × ドライ ｜

ドライ系のスプレーを使用。髪をかき
上げながら、全体にまんべんなく吹き
付ける。髪の毛の1本1本が独立して
落ちるような仕上がりに。毛先のレザ
ーによるディテールもより強調された。

B ｜ やわらか × セミドライ ｜

セミドライ系のミルクを使用。手のひ
らになじませ、髪全体に、毛先から空
気を含ませるように手を振りながら付
ける。ふんわりとしたエアリーな動き
を出した。さらに、アイロンで中間〜
毛先に2.5回転のSカールをつけた。

│ しなやか ✕ ナチュラル │ C

ウエットとドライの中間くらいのクリームを使用。手にとって伸ばした後に、手グシを通すように髪の中間→毛先→根元へと全体に塗布。程よくナチュラルな動きをつくる。さらに、アイロンで毛先に1回転のJカールをつけた。

│ なめらか ✕ セミウエット │ D

硬くない、セミウエット系のワックスを手のひらに伸ばし、中間～毛先に向けて髪をなめすように整えて面を強調し、最後に手のひらで表面を整える。落ち着いた大人っぽい仕上がりに。アイロンで毛先に1回転のJカールをつけた。

│ しっとり ✕ ウエット │ E

ウエット系のオイルを使用。手にとったオイルを全体にまんべんなくなじませる。ぬれた感じに仕上げられればOK。毛先だけ少し無造作に動かしてアクセントに。アイロンで毛先に1.5回転のCカールをつけた。

実践！ディテールカットと質感スタイリング

ここからは実践編。第2章で質感カットを施したレイヤー×グラデーションのミックススタイルにも、ディテールカットと質感スタイリングを組み合わせ、質感を完成させてみよう。

PLAN

質感スタイリングは、ドライ系のパウダーワックスを使って、軽くてさらさらな質感を完成させる。

ディテールカットは、「A さらさら」に対応する「レザーカット」を選択。髪の毛の動きを強調するように細部を仕上げる。

BEFORE

「A さらさら」の質感カットを施した、レイヤーオングラスタイル。アンダーセクションは長さが短いので、質感は入れていない。

ディテールカット

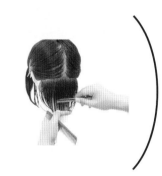

アンダーセクションは、ベースカットの段階でレザーで切った。すでに、毛先のディテールは出来上がっているので、スキップする。

②

レザーカットの場合は、全体をウエットにする。ミドルセクションからディテールカット開始。質感を入れた部分の2分の1以内の深さでレザーを動かす。

①

デッドゾーンのヘムラインにも、レザーでディテールカットを入れる。

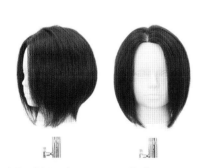

全体の毛先をレザーでカットした状態。「A さらさら」の質感がより強調された。さらに、全体がメリハリのあるかたちに。

コレクトゾーンを施術するときは、質感カットのように特別多く髪を削ったりはしない。全頭で均等に作業する。

④

スライスの取り方と引き出し方は、質感カットを入れたときと同じになるようにする。

③

質感スタイリング

⑤ ドライ系のパウダーワックスを少量、手にとる。

⑥ 手のひら全体にしっかり伸ばす。

⑦ 最初は毛先にもみ込むように塗布。

⑧ 次に、全体にワックスをなじませながら、髪を散らす。

⑨ そのまま、根元付近までもみ込みながらワックスをつける。

⑩ 毛束感や毛流れ、毛先の動きを整える。

PLAY BACK!

以上で、「A さらさら」の質感が補強され、完成した。スタイリング後の仕上がりを見る前に、ベースカット終了からの各段階における質感の進化を確認しよう。

ディテールカット終了

質感カット終了

ベースカット終了

質感スタイリング終了!

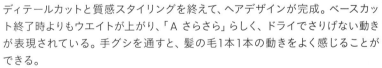

ディテールカットと質感スタイリングを終えて、ヘアデザインが完成。ベースカット終了時よりもウエイトが上がり、「A さらさら」らしく、ドライでさりげない動きが表現されている。手グシを通すと、髪の毛1本1本の動きをよく感じることができる。

質感カットは
正しいマッチングで完成する

質感カットは、単体で使用してもかなりの効果を感じることができる技術だが、毛先のつくり方とスタイリングがミスマッチだと、効果が半減してしまう。その質感を選んだ意味をなくさないために、「ディテールカット」と「質感スタイリング」のルールを覚えて、理想の仕上がりに近づけよう。

宿題

② 異なるベース、質感、スタイリングの組み合わせでも練習してみよう

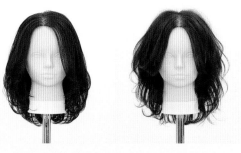

「Aさらさら」以外の質感に関しても、マッチしたディテールやスタイリングを組み合わせて、その相乗効果を実感してみよう。時には、写真のようにあえてミスマッチな組み合わせなども試して、違いを確認することもおすすめする。

① 37ページ〜のプロセスを、前回切ったウイッグの続きから試してみよう

第2章の実践編で仕上げたウイッグを再度取り出し、37ページからの「ディテールカット」と「質感スタイリング」のプロセスを実践してみよう。仕上がりにおける手触りや、動かしたときの髪の落ち方などもチェックしてみると良い。

Manual
of
Learning

TEXTURE CUT

第 4 章

質感パーマ
〜パーマに質感カットをマッチさせよう〜

カット技術には、「かたち」をつくるためのものと「質感」をつくるためのものがあり、
第3章では、それらのマッチングについて学んだ。
では、カット同様に「かたち」をつくる重要な技術であるパーマは、
質感とどのようにマッチングさせればいいのだろうか。
第4章は、「質感パーマ」について学ぶ。

「質感パーマ」とそのかけ方

「質感パーマ」とは、実はパーマをかけるための技法を指すのではない!? どういうことなのか。
まずは、その概念について説明しよう。キーワードは、ディテールカットのときと同じく「マッチング」だ。

質感パーマとは → パーマと質感カットのマッチング

サロンワークの流れ（一部）

どんなパーマでもOK！

パーマ

「質感パーマ」だからといって、かけ方自体は通常のパーマとほとんど変わらず、求めるデザインに合わせて好きなパーマをかけて良い。ただし、質感カットとの相乗効果で、パーマによる毛束の動きがより強調されるので、あらかじめ質感カットの入れ方を調整する。

変えるのはこっち！

質感カット

これまで学んできた質感カットは、①求める質感（5種）、②カットベース、③レングス（レイヤーの場合）、もしくは部位（グラの場合）によって、入れ方が決まっていた。パーマをかける場合は、質感効果がより強調されるので、入れ方をあらかじめ変える必要がある。

パーマのために、あらかじめ
質感の入れ方を変える

いつもの質感カット×パーマ

第3章までの方法で質感カットを入れてからパーマをかけると、毛束の「ズレ」が強調されて、ボリューム感や動きが出すぎてしまい、狙ったイメージから外れてしまうことも（写真は、47ページ参照）。

質感パーマ

質感カットとパーマ施術による髪の「ズレ」がうまく重なれば、イメージ通りのスタイルに仕上げることができる。あらかじめ、ゴールまでの工程を計算して施術しよう。

「質感パーマ」とは、質感カットとパーマの「マッチング」のこと。その2つをマッチさせるためには上記のように、パーマのかけ方ではなく質感カットの入れ方を変えなければならない。

パーマのための質感カット

② ディテールカットも
「浅めに」入れる

ディテールカットを入れる深さも、質感カットに合わせて浅くなる。第3章で学んだとおり、質感を入れた範囲の半分以下（例えば、2分の1の深さで質感を入れたなら、4分の1の深さ）に施すようにする。

① 質感を「浅めに」入れる

「質感パーマ」では、質感カットを入れる深さをいつもより浅めにする。どの程度浅くするかは、かけるパーマの種類によって異なる。ここでは、代表的なJ、C、Sカールの3種類を例にとり、下記に示す。

「質感パーマ」における、質感カットを入れる深さ

←········ いつもの質感カット　←── 質感パーマのための質感カット

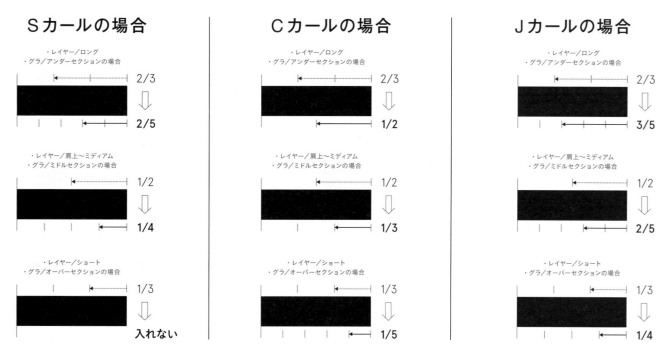

Sカールの場合

・レイヤー／ロング
・グラ／アンダーセクションの場合
2/3 ⇩ 2/5

・レイヤー／肩上〜ミディアム
・グラ／ミドルセクションの場合
1/2 ⇩ 1/4

・レイヤー／ショート
・グラ／オーバーセクションの場合
1/3 ⇩ 入れない

Cカールの場合

・レイヤー／ロング
・グラ／アンダーセクションの場合
2/3 ⇩ 1/2

・レイヤー／肩上〜ミディアム
・グラ／ミドルセクションの場合
1/2 ⇩ 1/3

・レイヤー／ショート
・グラ／オーバーセクションの場合
1/3 ⇩ 1/5

Jカールの場合

・レイヤー／ロング
・グラ／アンダーセクションの場合
2/3 ⇩ 3/5

・レイヤー／肩上〜ミディアム
・グラ／ミドルセクションの場合
1/2 ⇩ 2/5

・レイヤー／ショート
・グラ／オーバーセクションの場合
1/3 ⇩ 1/4

※質感を入れる深さは、パネルの重なりを考慮した上で、前後することがあります

ワインディングの注意点

① ダブルペーパーで
毛先のハネを抑える

パーマ施術で変えるべきところは1点だけ。質感カットを入れたことにより、毛先がハネやすくなるので、1パネルにつきペーパーを2枚使用して、短い髪もしっかりロッドに巻きつけてワインディング。

Manual of Learning TEXTURE CUT

「質感パーマ」による 5つの質感×Sカールギャラリー

「質感パーマ」を施したウイッグは、5つの質感ごとにどんな効果が生まれるのか。
ここでは、同じ「Sカール」でパーマをかけて、5種類を比較していく。

PERM

カットしたウイッグは5つとも、共通の方法でパーマをかける。全てバイアス巻きで、フォワード方向に毛先から2.5回転。カーリング料を使用し、1液塗布後10分放置。2液を塗布して5分後、全てのロッドを半回転緩めて（ストレート部分とカール部分の境目をなじませるため）から再び2液をつけて5分放置後、水洗。

CUT

カットベースは、第3章で5つの質感を入れて比較した「レイヤースタイル」と同じ。質感＆ディテールカットは、「質感パーマ」用に入れ直している。

さらさら (A)

WASH OUT

ドライ系スプレーでスタイリング。スタイリング前も後も、他の質感と比較して毛束が細かく出ている。

やわらか (B)

WASH OUT

WASH OUTの段階から、カールの動きが5つの中で最も強く出ている。セミドライ系のクリームでスタイリング。横に広がるような軽やかな動きが出やすく、エアリーな印象。

C しなやか

WASH OUT

WASH OUTでは、毛束感とカール感が程よく出ており、他と比較して縦長のシルエットになった。ナチュラル系のクリームでスタイリングすると、Sカールがしなやかに動き、フェミニンなイメージに。

D なめらか

WASH OUT

水洗後、カールは比較的低めの位置に出ている。セミウエット系のワックスでスタイリング。カール感はあまり強くなく、毛先中心に落ち着いた動きが出て、全体のアクセントとなっている。

E しっとり

WASH OUT

WASH OUTの状態から、カールの動きは少ないが、毛先にリッジが強く出ている。オイルでスタイリング。Sカールが、「E しっとり」ならではの大人っぽいイメージに仕上げられている。

比べてみよう！ いろいろな「質感パーマ」

今度は、同じ質感カットで、パーマのかけ方やカットベースを変えると仕上がりがどのように変化するかをチェック。
ここでは、カールの動きが最も分かりやすい「Bやわらか」をベースに、比較していく。

カールの形状違い① 「SカールとCカール」

左は、44ページ〜のウイッグと
同様のロッド配置で、全て毛先
1.5回転のワインディングでパー
マをかけ、毛先にワンカールを
つけたもの。右に比べて落ち着
いた印象だが、Cカールの重なり
によりボリュームが出て、シルエ
ットは結果的にSカールに似た
仕上がり。

or

Cカール

Sカール

※44ページのギャラリー内、「Bやわらか」と同じスタイル

カールの形状違い② 「SカールとJカール」

上と同様、今度は毛先1回転のワ
インディングで「Bやわらか」の
ウイッグにJカールをつけた
（左）。質感カットによる「Bやわ
らか」ならではのふんわりとした
動きと、毛先の控えめなカール
がマッチして、やさしい印象に仕
上がっている。

or

Jカール

Sカール

カットベース違い 「レイヤーベースとグラベース」

ROD ON

WASH OUT

グラベース

or

レイヤーベース

左は、グラベースのウイッグに「Bやわらか」の質感カットを入れて、全体にSカールをつけたもの（アンダーセクションは短いので巻いていない）。レイヤーに比べてカール感は目立たないが、「Bやわらか」らしいエアリーな質感は健在。

注意！「ミスマッチ」な2つのシチュエーション

△ いつもの質感カット×パーマ

基準となる「Sカール」と同じレイヤーベースのウイッグに、「Bやわらか」の質感カットを「基本の深さ」で入れて、同様にパーマをかけたもの。質感カットによってリッジが強調され、さらにそれらが重なり合ったために、想定以上のボリュームが出ている。

✕ セニング×パーマ

基準となる「Sカール」のウイッグと同じカットベースに、質感カットの代わりに梳き率30％のセニングを中間から入れ、Sカールをかけたもの。同じ「髪を間引く」技法でも、質感カットの代わりにセニングを使うと、毛先の毛量が極端に減り、毛束感や動きが出すぎて「パサパサ」な印象になる。

実践！ レイヤーとグラのミックススタイル×質感パーマ

質感パーマの基本的な方法は理解できただろうか？ ここでは、やや複雑なカットベースのウイッグに、「質感パーマ」を施術してみたい。求めるカールはCカール。部位やパネルの重なりによって質感カットを入れる深さが変わる点に注意。

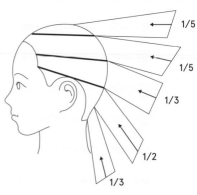

アンダーセクションはレイヤーカット。ミドルセクションはハイグラデーションカット。オーバーセクションはグラデーションカットで構成。さらに、オーバーは、モヒカンライン上を別に分け取って切っている。

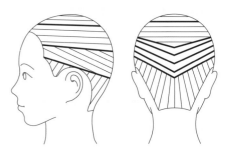

レイヤーベースのアンダーは斜めスライス。ハイグラのミドルは、やや斜めスライス。オーバーとトップはグラで横スライス。質感カットも、このスライスに準じてパネルを引き出していく。

ベースカット終了！

レングスは肩下3センチ、ややウエイト高めのグラオンレイヤースタイル。前髪は、ノーズラインの高さに設定して切り、長さを残してある。

施術計画

ディテールカット

「Bやわらか」に合わせて、全体にスライドカットを施す。入れる深さは、それぞれ質感を入れた深さの半分に留める。

パーマ（カール）

全て、カットのスライスに合わせた角度でパネルを引き出し、毛先から1.5回転でワインディングし、Cカールに仕上げる。巻くときは、ダブルペーパーで毛先のハネを抑える。

質感カット（B やわらか）

アンダー	長さを見て、レイヤー／ミディアムの基準から計算して3分の1（本来は3分の2）に入れる。ただし、上のミドルと接する部分は、上と質感をつなげるために、やや深く、2分の1に（本来は3分の2）入れる。	1/2 ⇩ 1/3
ミドル	グラベース＆ミドルセクションの基準から計算して、3分の1の深さで質感を入れる（本来は2分の1）。サイドも同様の基準になるが、顔周りと耳周りの抜け感を表現するため、バックよりも深い2分の1で質感を入れる。	1/2 ⇩ 1/3
オーバー	グラベース＆オーバーセクションの基準に合わせて5分の1（本来は3分の1）の深さで質感を入れる。サイドはミドル同様、抜け感を表現するためにバックより深く3分の1に入れる。	1/3 ⇩ 1/5
バング	抜け感がほしいので、質感パーマの基準によらず、深めに入れる。内側2分の1、表面3分の1とズラして、立体感を出す。	

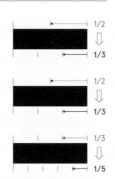

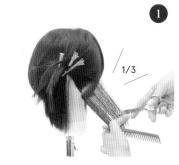 3 /1/3

 2 /1/2

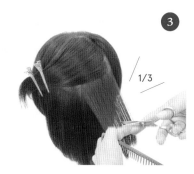 1 /1/3

ミドルセクションは、アンダーと同じく3分の1の深さに質感カット。

上のミドルと接するパネルは、下の3分の1と、本来の深さ、3分の2の間をとって、2分の1で入れる。アンダーとミドルの質感部分が途切れないようにする。

アンダーセクションのレイヤー部分から「B やわらか」の質感カットを施していく。下のネープセクションは、毛先から3分の1（本来は3分の2）の深さに入れる。

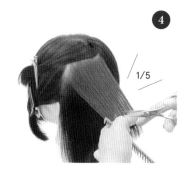 6 /1/3

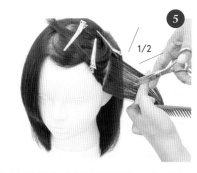 5 /1/2

 4 /1/5

サイドのオーバーは、顔周りの抜け感を表現するため。ミドル同様バックよりも深く3分の1に質感を入れる。（❺同様、バックと同じ深さでも問題はないが、その場合は重くなる）

サイドのミドルは、抜け感を表現するため、バックよりも深い2分の1の深さで質感カット（バックと同じでも質感表現に間違いはないが、重く仕上がる）。

オーバーセクションはグラなので、ベースカットのスライスに合わせて横スライスでパネルを引き出す。深さは5分の1。

 9 /1/3

 8 /1/2

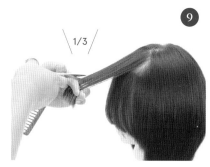 7 /1/5

表面は少し浅くして、3分の1の深さで入れる。深さの異なる質感カットが重なることで、立体感とシースルー気味の抜け感が生まれる。

前髪は立体感を出すために、上下2線に分けて深さを変えつつ質感を入れる。内側はやや深めに、2分の1の深さで。

トップは、すべて5分の1で質感を入れる。

 12

 11

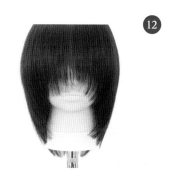 10

すべてのカット工程が終了。ディテールカットを入れたことによって、毛先のかたちが変わり、質感カットの効果を補えた。

全頭にスライドカットを入れて、「ディテールカット」。入れる深さは、各部位に質感カットを施した深さの半分以下に。

質感カットが終わった状態。かたちは変わっていないが、全体に少しだけ毛束感が生まれている。

カットベースに合わせて、Cカールをつけていく

PERM PROCESS

3

そのまま巻きおさめ、細かい毛先を押さえ込んでハネるのを防ぐ。この作業は全頭に行なう。

2

巻いている途中でロッドの外側にペーパーをもう1枚足して毛束を覆う。

1

アンダーセクションからワインディング。15ミリロッドを使い、すべてリバース方向に、毛先から1.5回転のバイアス巻き。

6

前髪は内側を20ミリ、表面は23ミリロッドで、平巻き1.5回転。

5

オーバーセクション（トップ含む）はグラベースに合わせて平巻き。20ミリロッドで1.5回転。

4

ミドルセクションは17ミリロッドを使い、カット時のスライスの角度に合わせて横スライスに近い斜めスライスを取る。フォワード方向に1.5回転のバイアス巻き。

WASH OUT

ROD ON

RECIPE

■使用薬液／1液：アリミノ「コスメカール」V、2液：「コスメカール」アフターローション
■工程／水巻きでワインディング後、1液を塗布。10分放置後、中間水洗。2液を塗布し、5分後にロッドを半回転緩めて再塗布。5分放置後水洗。

FINISH!

パーマをかけたウイッグをハンドドライし、セミドライ系のクリームでスタイリングした状態。ウエイトは高めに仕上がった。中間〜毛先は「B やわらか」ならではのエアリーな質感と動きが出ているが、セニングは使用していないので、不必要なリッジや毛先のハネやパサつきなどは出ていない。

質感パーマとは、「パーマのための質感カット」と「パーマ」の組み合わせのこと

「質感パーマ」は、パーマをかける技術だけを指すのではなく、パーマをかけるときに、仕上がりを見越して「質感カット」を変化させる（浅く入れる）ことも含んだ、一連の施術の総称。サロンワークのゴールを想像して技術を組み立てていくことで、狙った髪のかたちや質感をつくることができる。

宿題

② 48ページからの、MIXスタイル×質感パーマのヘアデザインをつくってみよう

① 「B やわらか」から、「質感パーマ」を練習してみよう

48ページからの「実践編」でつくったウイッグを、実際に自分でも切ってみよう。このスタイルは、「質感パーマ」の基本の法則を、カットベースや求めるデザインに合わせてややアレンジしている。なぜそうなっているのかを、実物のウイッグで検証してみると、質感カットの表現のコツがつかめるはず。

質感パーマの基本の施術を覚えたら、まず手持ちのウイッグに質感を入れた後、パーマをかけてみよう。最初は、動きが分かりやすい「B やわらか」がおすすめ。カットベースを変えてみたり、時に、NGのバージョンを試してみたりして、実際に手と目でウイッグを比較してみるとよい。

Manual
of
Learning

TEXTURE
CUT

第 5 章

質感カラー1
〜ベースカラーと質感カットをマッチさせよう〜

「質感カット」を軸に展開するヘアデザインにおいて、
当然「色」もスタイルを完成させるための重要な要素となる。
名付けて「質感カラー」。
求める質感を、そしてイメージをより際立たせるヘアカラーの使い方をマスターしよう。

「質感カラー」の全体像を知る

「質感カラー」とは、いったいどんな概念で、どんな要素から成り立つものだのだろうか。
具体的な理論や技術を学ぶ前に、その全体像について把握しよう。

質感カラーとは
→ 求める「質感」と「イメージ」にマッチさせるヘアカラー

「質感カラー」とは、特定の質感カットを施す場合に、その質感をより際立たせるために施すヘアカラーのこと。求める質感表現によって、入れるべき色の振り幅が決まってくる。

質感カット

求めるイメージにマッチした質感表現を

質感表現を際立たせる ← - - - - - - - - - -

質感カラー

5つの質感に合わせてカラーリング

なぜ、質感カラーが大事なのか
→「色」は「イメージ」の完成に直結する

〈ヘアデザインをさまざまな切り口で分析したマトリクス〉

右は、ヘアデザインが持つ「イメージ」と「質感」と「ヘアカラー」の3つを、それぞれマトリクスに表したもの。たとえば「イメージ」で★がつく箇所を狙う場合は、他の2つでも同じ部分を狙うと、求める女性像が相乗効果で表現しやすくなる。☆も同様だ。質感カットと同様、質感カラーはヘアデザインの完成に欠かせない概念なのだ。

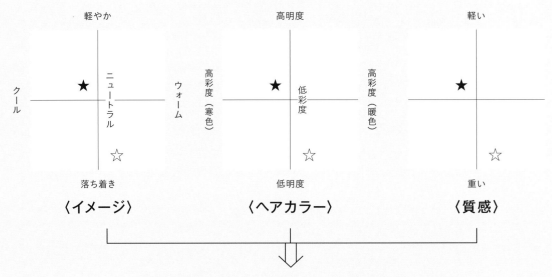

どんな区分でヘアデザインを考えても、
狙うべき「場所」は同じ。

質感カラーの基本

質感カラーを施すときに考えるべき要素は、以下の3種類。基本を覚えて、
質感＆イメージ表現に適した要素を組み合わせれば、理想のヘアデザインに仕上げられる。

❶ ベースカラーのトーン（明度×彩度）

明度と彩度の組み合わせでつくられる色の「トーン」。右は、そのトーンの種類を並べた「トーン図」。髪に「5つの質感」のどれを表現するかによって、ヘアカラーをどのトーンから選ぶべきかが絞られる。

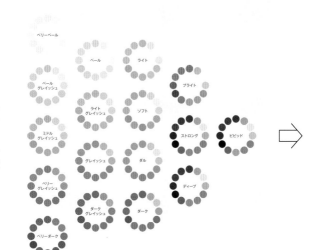

➡ 目指す質感によって
選ぶべき
トーンが決まる

❷ ベースカラーの色相

1つのトーンの中には、さまざまな種類の色み＝色相があり、そのどれを選ぶかによって最終的なイメージが決まる。「質感カラー」では、目指す女性像によって寒色系と暖色系、2つのうちのどちらから色を選ぶべきか、が定義されている。
※ここでは、便宜上紫〜黄色までを「暖色」、黄緑〜藍色までを「寒色」と呼び、色相を二分している。

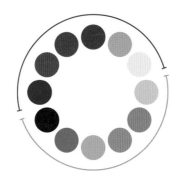

➡ 目指すイメージによって
寒色と暖色、
どちらを選ぶかが
決まる

❸ 質感チップホイルワーク ※次回で解説

❶と❷は、主にヘアカラーの「ベース」について言及したもの。つまり、ワンメイクのときはトーンと色相にだけ配慮すればよい。しかし、質感に合ったウイービングやスライシングを施すことで、質感カラーの、そして質感カットの効果をより強調することができる。

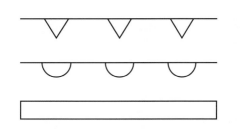

➡ 目指す質感によって
ホイルワークの
「ベースとの明度差」と
「チップの形」が決まる

質感カラーの基本

質感カラーの構成要素の中から、ワンメイクでの色表現に大事な「トーン」と「色相」について、
どのように決定したら良いのか、その方法論を学んでいこう。

① トーンと質感

トーンとは、明度と彩度が組み合わさることで決まる色の調子のこと。
その変化が質感とどのように関連するのか、要素別に、順番に見ていこう。

彩度編 → ふり幅の広いものと狭いものがある

CHECK

彩度によるイメージの変化

低 ←―――――――――――――――――――→ 高

右の3つの写真は、1つのポートレートの彩度を、画像加工により3段階に仕上げたもの。彩度が高いほど「シャープ」なイメージ、低いほど「ソフト」なイメージになる。

⬇ 質感カラーでは……

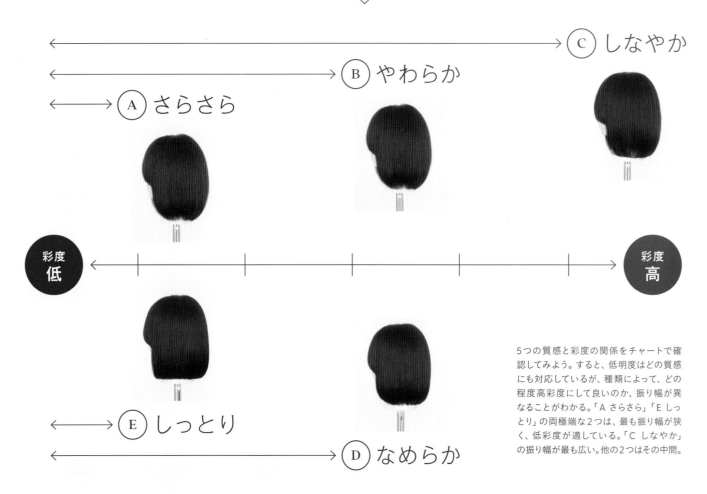

Ⓒ しなやか

Ⓑ やわらか

Ⓐ さらさら

彩度 低 ←――――|―――|―――|―――|――→ 彩度 高

Ⓔ しっとり

Ⓓ なめらか

5つの質感と彩度の関係をチャートで確認してみよう。すると、低明度はどの質感にも対応しているが、種類によって、どの程度高彩度にして良いのか、振り幅が異なることがわかる。「A さらさら」「E しっとり」の両極端な2つは、最も振り幅が狭く、低彩度が適している。「C しなやか」の振り幅が最も広い。他の2つはその中間。

明度編 → A〜Eの順にだんだん暗くなる

明度 高

A さらさら
明度12レベル以上

B やわらか
明度10〜12レベル

C しなやか
明度8〜10レベル

D なめらか
明度6〜8レベル

E しっとり
明度4〜6レベル

明度 低

明度によるイメージの変化

高

低

上の3つの写真は、1つのポートレートの明度を、画像加工により3段階に仕上げたもの。明度が高いほど「軽い」イメージ、低いほど「重い」印象を受ける。明度の変化は、髪の見た目の「重さ」に関わる。

5つの質感と明度との関係も、右ページ同様にチャートで確認してみよう。すると彩度の例とは違い、マッチする明度の範囲別に5種類が順番に並ぶ。1つの質感につき、3レベル分の範囲に設定されており、その範囲で薬剤選定をすることが重要。「A さらさら」は12レベル以上。

トーン編

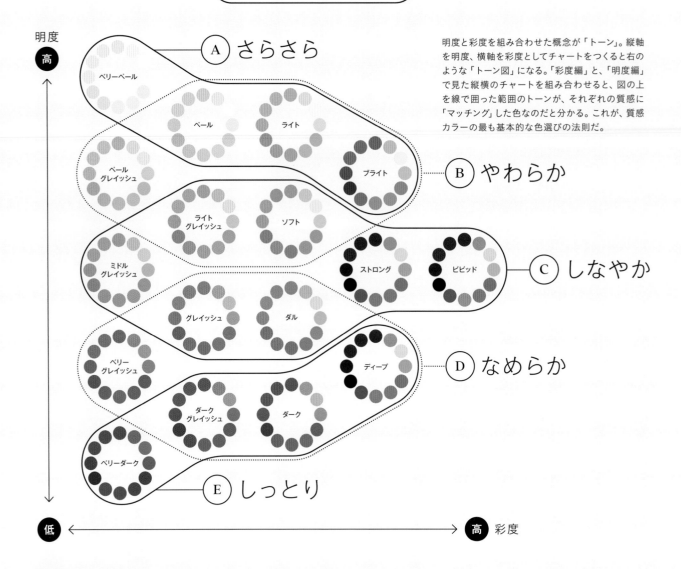

明度

高

Ⓐ さらさら

ベリーペール

ペール　ライト

ペール
グレイッシュ

ブライト ┈┈ Ⓑ やわらか

ライト
グレイッシュ　ソフト

ミドル
グレイッシュ

ストロング　ビビッド ── Ⓒ しなやか

グレイッシュ　ダル

ベリー
グレイッシュ

ディープ ┈┈ Ⓓ なめらか

ダーク
グレイッシュ　ダーク

ベリーダーク

Ⓔ しっとり

低 ←──────→ 高 彩度

明度と彩度を組み合わせた概念が「トーン」。縦軸を明度、横軸を彩度としてチャートをつくると右のような「トーン図」になる。「彩度編」と、「明度編」で見た縦横のチャートを組み合わせると、図の上を線で囲った範囲のトーンが、それぞれの質感に「マッチング」した色なのだと分かる。これが、質感カラーの最も基本的な色選びの法則だ。

② 色相と質感

1つのトーンの中には、無数の「色み」がある。その変化の様相が「色相」。どんな色みを選ぶかは、それぞれの好みや似合わせのほか、意図的にイメージをつくり分けることと関係する。

寒色／暖色編

ex.「A さらさら」の場合

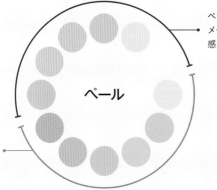

ペール

ペールトーンの暖色系がつくりだすイメージは、女性的、やわらかさ、透明感、キュートな印象、など。

ペールトーンの寒色系がつくりだすイメージは、男性的、軽やかさ、透明感、フレッシュな印象、など。

色みの選択は、質感カラーにおいては、寒色と暖色の特性の違いを覚えておけば良い。この2種類を使い分けることで、例えば同じ「A さらさら」の「ペールトーン」でも、色相を意識して色を選び、異なるイメージのヘアデザインに仕上げることができる。

イメージ〜女性像編

〈 **目指す女性像のイメージと質感カラーの関係** 〉

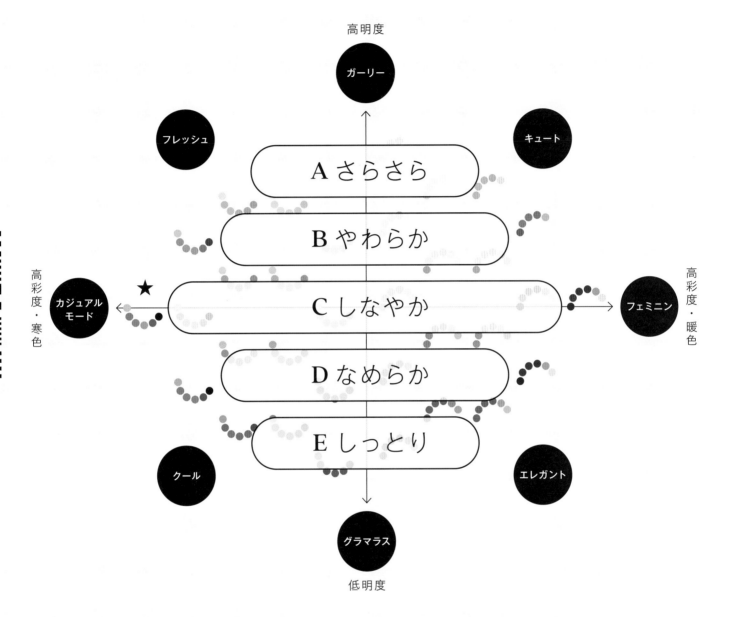

高明度

ガーリー

フレッシュ　　　　　　　　キュート

A さらさら

B やわらか

高彩度・寒色　　カジュアルモード　　★　**C しなやか**　　フェミニン　　高彩度・暖色

D なめらか

E しっとり

クール　　　　　　　　　　エレガント

グラマラス

低明度

右ページのようなトーン図の中の色相環を、寒色と暖色に分け、左右に彩度の振り幅を広げると、上図のようにマトリクス状に展開できる。5つの質感は、図で示した範囲の色みと対応する。また、マトリクスの先には、8つの女性像のイメージ名が記載されている。これらは、『ROSE』のサロンワークで、実際にヘアデザインの方向性を示す指標として使われている考え方。たとえば、「カジュアルモード」に近い位置でイメージ表現をしたければ、質感カットは「C しなやか」、★の近くからトーンを選ぶ。

5つの質感×質感カラー ギャラリー

実際に、質感カットと、その質感に適した質感カラーの組み合わせがどのような効果を生むのか、確認していこう。
同じベースカットで切ったウイッグにも、これだけの差が出せるのだ。

右のウイッグを使って、前髪を含む全体に質感カットとディテールカットを施す。質感は、「A さらさら」〜「E しっとり」の5種類につくり分ける。

5種類につくり分けたウイッグを、質感カラーで色（明度）を選んでワンメイクに染める。この5パターンを、さまざまな角度や動きで確認していこう！

Beforeの状態。第1章とほぼ同じ、グラデーションベースのウイッグ。重みや厚みを残した状態のこのスタイルに質感表現を行なうと、どう変化するのだろうか。

｜ さらさら ✕ 13レベル ブラウン系 ｜ (A)

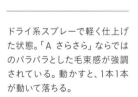

ドライ系スプレーで軽く仕上げた状態。「A さらさら」ならではのパラパラとした毛束感が強調されている。動かすと、1本1本が動いて落ちる。

ヘアカラーによって質感が強調されたウイッグを動かした様子を、動画で公開！ QRコードより。

B │ やわらか ✕ 11レベル ブラウン系 │

セミドライ系のミルクでスタイリングした状態。静止した状態では程よい軽さがあり、動かすと、ふわっとしたエアリーな動きを楽しむことができる。

│ しなやか ✕ 9レベル ブラウン系 │ **C**

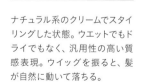

ナチュラル系のクリームでスタイリングした状態。ウエットでもドライでもなく、汎用性の高い質感表現。ウイッグを振ると、髪が自然に動いて落ちる。

D | なめらか ✕ 7レベル ブラウン系 |

セミウエット系のワックスでスタイリング。ここからは、やや重さが出てくるので、ダークトーンのヘアカラーがマッチ。落ち着きを残しつつ動くので大人っぽい印象。

| しっとり ✕ 5レベル ブラウン系 | E

オイル系を使用してスタイリング。ほぼ「黒髪」に近いヘアカラーが、ウエットで重めな仕上がりにマッチしている。動かしたときにも髪はあまりバラつかず、少しだけ揺れて下に落ちる。

「ミスマッチ」に気をつけよう

質感カットを施すときに、組み合わせる質感カラーの種類を間違えてしまうと、
「ミスマッチ」の状態になってしまい、質感効果が半減してしまう。いくつかの例を比較してみよう。

Ⓐ さらさら と……

MISMATCH...

13レベル
ディープブルー系

MISMATCH...

13レベル
ディープパープル系

MATCH!

「A さらさら」は12レベル以上の薬剤で染めるのがセオリー。でも、彩度の高い薬剤を選ぶと、マッチしたトーンからは外れてしまい、実際の明度よりも暗く見えてしまう。「A さらさら」を狙うときは、例えば薬剤名に「ディープ」等とつくものはマッチしない可能性が高いので、要確認。

Ⓔ しっとり と……

MISMATCH...

9レベル
ブラウン系

MISMATCH...

13レベル
ブラウン系

MATCH!

彩度以上に、明度の選び間違いは、「ミスマッチ」を引き起こしやすい。特に、「E しっとり」ではそれが顕著。左は、薬剤の明度を13＆9レベルに設定してそれぞれ染めたもの。どちらも、明度が上がることでブラウンが強く出てしまい、しっとりならではのツヤ感や落ち着いた雰囲気がやや削がれている。

ヘアカラーをマッチングさせること(＝質感カラー) で、質感カットの効果はさらに倍増する

5つの質感カットの効果をより際立たせるヘアカラーのセオリーが「質感カラー」。まず、各質感で明確に「トーン」の範囲が決まっているので、そこをしっかり押さえること。そしてさらに進んで、求めるイメージに合わせて色みの選択ができるようになれば、「質感カラー」の基本をマスターしたことになる。マッチングのため、手持ちの薬剤の特性を、今一度確かめてみよう。

宿題

② 質感カラーのあり／なしやマッチ／ミスマッチを比較してみよう

まずは、質感カットやディテールカットを施したウイッグの、片側だけに質感カラーを入れて、質感効果を比較してみよう。また、片側にはあえて「ミスマッチ」な質感カラーを入れて、その仕上がりを比べてみるのも良い。多くのパターンを知ることで、質感カラーを使いこなせるようになる。

① 質感カットを施したウイッグを質感カラーで染めてみよう

これまでの練習で実際に切った質感カットのウイッグに対して、その質感にマッチした薬剤で質感カラーを施してみよう。カラーリングなしのときよりも、求める質感の雰囲気が強く感じられるはずだ。そして、ウイッグを振ったり傾けたりして、その相乗効果をさらに実感してみるのもおすすめ。

Manual
of
Learning
TEXTURE
CUT

第 6 章

質感カラー２

〜質感カットに合わせてホイルワークを入れてみよう〜

質感カットの効果を高めるヘアカラー技術、「質感カラー」。
今回からは、中級編に突入する。
ベースカラーに対してどんなホイルワークを施すとマッチさせられるのか
法則を覚えて、自由にヘアカラーデザインを展開できるようになろう。

※本書内における髪色の明度レベル表記は、「20レベルスケール」を基準にしています。

質感カラーの第3要素、「質感チップホイルワーク」とは?

前回、質感カラーには「トーン」、「色相」、そして「質感チップホイルワーク」の3つの要素があることを知り、そのうち「トーン」と「色相」について覚えた。今回は、3つ目の「質感チップホイルワーク」について学んでいく。

質感チップホイルワークの役割
→ 質感カット&カラーの効果をさらに高める

質感カット＋質感カラー（ホイルワーク）

質感カラーは「質感チップホイルワーク」を加えることで、さらにその効果が高まる。ベースと同じように、一定の基準の元に色を選択する。

質感カット＋質感カラー（ワンメイク）

狙った質感の種類に合わせた「トーン」で全体を染めることで、質感カットの効果が増す。さらに「色相」を調整することで、イメージをつくり分ける。

質感カット

ベースカットに、質感カットとディテールカットを施す。それだけでも、髪に狙い通りの手触りや動きを実現できる（写真は「A さらさら」のもの）。

> 質感チップホイルワーク、そして質感カラーは単体で使う技術ではなく、あくまで質感カットありきのテクニック。
> ヘアカラーで主張をするのではなく、「A さらさら」〜「E しっとり」まで、狙った質感の効果をさらに強調するために入れる。

質感チップホイルワークの構成要素

明度差

「質感チップホイルワーク」での色選びは、ベースとの「明度差」を考えることから始まる。これさえ覚えれば、自分の好きな色を選びながら自由にヘアカラーデザインを楽しめる。

取り方

どのようなスライシングorウィービングでホイルワークを入れるかは、つくる質感によって決まっている。「5つの質感」のどれにするかさえ選べれば、迷うことなく作業を進めることができる。

ホイル配置

カットベースによって、ホイルを入れる場所やスライスの傾斜は決まっている。ホイルワークデザインに悩むことがないので、1度覚えれば誰でも施術することができる。

> 「質感チップホイルワーク」を構成するのは、上記の3つの要素。3つとも、基本の考え方がシステマティックに決められているため、覚えやすく、かつ個人のセンスによって応用を利かせやすい。次ページからは、その詳細な内容を紹介していく。

質感チップホイルワークの基本

複雑に見える質感チップホイルワークの技術も、分解すればそこまで複雑ではない。
「3つの要素（ホイル配置、取り方、明度差）」ごとに、そのルールを確認していこう。

ホイル配置編 → グラベースかレイヤーベースかで、配置はほぼ固定

レイヤーベース

レイヤーは斜めスライスで、アンダーに2枚、ミドルに6枚、オーバーに9枚、画像のように配置。さらにグラの場合と同じく、生え際のインプレッションポイントに6枚、ホイルワークを施す。

グラベース

基本は、横スライスでアンダーセクションに1枚、ミドルに4枚、オーバーに12枚配置。加えて生え際に沿った「インプレッションポイント（赤で示した部分）」に、合計6枚、ホイルワークを施す。

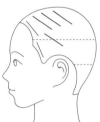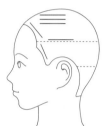

質感チップホイルワークのホイル配置のパターンは、上記のように2種類のみ。ただし骨格に合わせて、広い場合は枚数を増やすなどして対応する。セクションごとに切り方が異なる場合は、この2パターンを組み合わせて考える。「インプレッションポイント」は、落ちた髪が非常に目立つ部位で、質感カラーを特に強く印象付けるポイントとなる場所。

取り方編 → 求める質感に合わせて、3種類の中から選ぶ

スライシング
= (E) しっとり

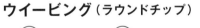

毛先に向かってホイルワークの色が面で表現されるので、重さのある質感表現に向いている。「E しっとり（パネルの厚さ1ミリ）」で使用。

ウイービング（ラウンドチップ）
= (C) しなやか (D) なめらか

毛先に向かってホイルワークの束が太く表現され、自然な質感表現に向いている。「C しなやか（幅5ミリ、間隔7ミリ、深さ5ミリ）」「D なめらか（幅5ミリ、間隔9ミリ、深さ7ミリ）」で使用。

ウイービング（トライアングルチップ）
= (A) さらさら (B) やわらか

毛先に向かってホイルワークの束が細く表現されるので、軽やかな質感表現に向いている。「A さらさら（幅3ミリ、間隔3ミリ、深さ3ミリ）」「B やわらか（幅3ミリ、間隔5ミリ、深さ7ミリ）」で使用。

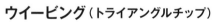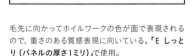

5つの質感によってホイルワークの形状と大きさが上記のように決まってくるという、シンプルな仕組み。前項の「ホイル配置」と合わせて「取り方」を覚えてしまえば、ホイルワークデザインについて悩むことはなくなり、ヘアカラーの色みづくりに集中できる。

質感（ベースの明度）		明度差	ホイルワークの形状

A	さらさら （12レベル以上） 	ベースから ＋3〜4レベル	ウイービング （トライアングルチップ） 幅3ミリ、間隔3ミリ、深さ3ミリ
B	やわらか （10〜12レベル） 	ベースから ＋1〜2レベル	ウイービング （トライアングルチップ） 幅3ミリ、間隔5ミリ、深さ7ミリ
C	しなやか （8〜10レベル） 	ベースから ±1レベル	ウイービング（ラウンドチップ） 幅5ミリ、間隔7ミリ、深さ5ミリ
D	なめらか （6〜8レベル） 	ベースから −1〜2レベル	ウイービング（ラウンドチップ） 幅5ミリ、間隔9ミリ、深さ7ミリ
E	しっとり （4〜6レベル） 	ベースから −2〜3レベル	スライシング （パネルの厚さ1ミリ）

質感カラーをワンメイクで施す場合は、表現したい5つの質感によってトーン、特に明度レベルの数値は明確に決まっていた。質感チップホイルワークでは、ベースの明度に合わせて、ホイルワーク部分に決まった「明度差」をつけるのがセオリー。上の表は、その基準となる数値。ただし、『ROSE』のサロンワークでは、求めるヘアカラーデザインによってこの数値から外れた明度を選ぶこともよくあり、「D なめらか」、「E しっとり」でハイライトを選択する例も。あくまで、失敗の少ない「安全圏」としてこの基準をとらえよう。

5つの質感×質感チップホイルワークギャラリー

質感チップホイルワークによって、ついにその全貌を明らかにした質感カラー。基本を覚えたら、
さっそく、5つの質感ごとにその効果を確認していこう。前回のギャラリーを合わせてチェックするのもオススメ!

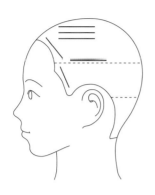

 第5章では、すべてブラウ
ン系の質感カラーで「5つ
の質感」ウイッグを彩り、
比較した。髪を動かしてみ
ることで、質感カラーの効
果をより実感できた。

本章ではそのウイッグに、質感チップホイルワーク
を基準通りの形状で、グラベース用のホイル配置で
追加。前回と同じ条件の写真や動画で見比べていく。

おなじみ、質感カットで基本の練習の
ときに使う、グラデーションベースのウ
イッグ(写真は、第1章のときのもの)。
この上に、「A さらさら」の質感カット
とディテールカットを施す。

A | さらさら ✕ ブラウン系13レベル ✕ ハイライト

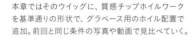

13レベルのベースに対して、トライア
ングルチップで、16レベルのウィー
ビングを入れた状態。ドライ系スプ
レーで軽く仕上げ、1本1本の髪の動
きをさらに強調した。

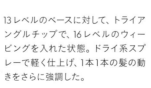

ヘアカラーによって質感が強調された
ウイッグを動かした様子を、動画で公
開! QRコードより。

B | やわらか ✕ ブラウン系11レベル ✕ ハイライト |

11レベルのベースに対してトライアングルチップで、13レベルのハイライトを入れた状態。セミドライ系のミルクでスタイリングして、エアリーに。

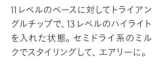

| しなやか ✕ ブラウン系9レベル ✕ ウイービング | **C**

9レベルのベースに対して、ラウンドチップで10レベルのウイービングを入れた状態。ナチュラル系のクリームでスタイリングして、自然な動きを演出。

D ｜ なめらか ✕ ブラウン系7レベル ✕ ローライト ｜

7レベルのベースに対して、ラウンドチップで15レベルのローライトを入れた状態。セミウエット系のワックスでスタイリングして、大人っぽく落ち着いた仕上がりに。

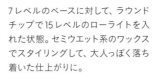

｜ しっとり ✕ ブラウン系5レベル ✕ ローライト ｜ E

5レベルのベースに対して、スライシングで3レベルのローライトを入れた状態。オイルでスタイリングして、重めのウエット系に仕上げた。

実践！質感カラー

ここまでは、全てグラベースへの質感カラーを見てきた。第4章までの、質感カットやパーマの基本をマスターしていれば、
グラ＆レイヤーのミックススタイルにも問題なく施術できるはず。さっそく、実践！

質感＆ディテールカット（C しなやか）

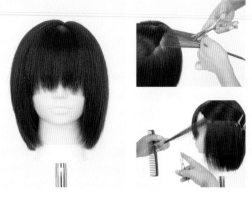

「C しなやか」のセオリーにのっとり、5ミリのチップ幅で質感カットを施していく。スライスは、カットベースに合わせて、ハチ上は斜めスライス、下は全て横スライス。

「C しなやか」のセオリーにのっとり、ストロークカットで毛先のディテールをつくる。質感カットとディテールカットが組み合わさることで、重さと軽さのバランスがちょうどいい、「C しなやか」の質感が生まれた。

NG!
質感カラーは必ず質感カットと組み合わせる

質感カラーはあくまで、質感カットに合わせるべき技法。レザーで深く削がれた髪（右）や、セニングで毛量をたくさん減らされた髪（左）では、中間から毛先にかけてのハイライト効果の出方が不規則になってしまい、質感カラーが成り立たなくなってしまう。

セニング　　レザー

ベースカット終了！

肩上レングスのボブスタイル。ハチ上にレイヤーが入っている。前髪はノーズラインの長さで、ゆるくラウンドするようなかたちに切られている。

⬇ 施術計画

ベースの色とホイルワークの明度差

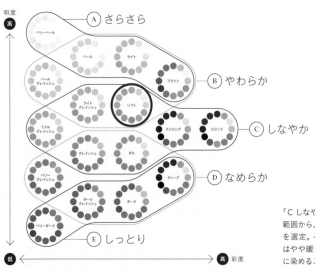

明度 高

Ⓐ さらさら
ベリーペール
ペール　ライト
ペールグレイッシュ　ブライト　Ⓑ やわらか
ライトグレイッシュ　ソフト
ミドルグレイッシュ　ストロング　ビビッド　Ⓒ しなやか
グレイッシュ　ダル
ベリーグレイッシュ　ディープ　Ⓓ なめらか
ダークグレイッシュ　ダーク
ベリーダーク
Ⓔ しっとり

低　　　　　　　　高 彩度
トーン図

「C しなやか」がカバーする範囲から、トーンは「ソフト」を選定。その中でも、今回はやや暖色寄りのベージュに染めることに決定。

ホイル配置

ハチから下がグラベースなので、グラの基本のホイル配置（67ページ参照）を参考に、横スライスで配置。ハチ上は、同じくレイヤーの基本通りに配置。

取り方

「C しなやか」なので、ウイービングをラウンドチップで取っていく。幅5ミリ、間隔7ミリ、深さ5ミリでハイライト施術。

今回は、ハイライトを先に入れ、ホイルをつけた状態でベースに薬剤を塗布するシングルプロセスで施術。
最終的な明度差のコントロールができるなら、ダブルプロセスでも問題ない。

3

ミドルセクションは、左右に2枚、横スライスををとって
ウイービング。

2

ヘムラインの「インプレッションポイント」にハイライトを
施術。生え際に沿って、❶と同様のラウンドチップでAを
塗布。

1

ベージュ系のヘアカラー剤Aを使用し、襟足からハイラ
イト施術開始。横スライスを取り、幅5ミリ、間隔7ミリ、
深さ5ミリのラウンドチップでウイービングを施し、根元
から毛先まで塗布。

6

フェイスラインのインプレッションポイントも、❷同様に
生え際に沿ったスライスを取ってウイービング。

5

スライスがつむじをまたぐ場合は、例外的につむじをよけ
るようなラウンドスライスを取って、厚さ1センチのパネル
を引き出してスライシング。

4

オーバーセクション（ハチ上）は、セオリー通り斜めスラ
イスでハイライトを施術。チップの取り方はこれまでと同
じ。

9

ウイービング終了後、ベースにベージュ系のヘアカラー
剤Bを塗布。

8

前髪は、カットベースに合わせてセオリーとは別に自由
に施術。今回は、今回は生え際1線を残し、ウイービン
グで1枚ホイルをつけ、ベースになじませるデザインに。

7

オーバーセクション一番上の斜めスライス、最後の1線に
ウイービングを入れているところ。

染まり上がり

塗り上がり。30分放置後、水洗。

RECIPE　A（ハイライト）ミルボン「オルディーブ」11-sTB：11-sOB＝1：3＋6%
B（ベースカラー）「オルディーブ」8-sTB＋6%

FINISH!

ナチュラル系ワックスでスタイリングし、毛先をラフに動かした。ラウンドチップで入れたウイービングが、「C しなやか」ならではのナチュラルな質感をさらに強調している。

質感カラーのバリエーション

質感カラーは、色の選び方によって、いくつものイメージにつくり分けることができる。
そのとき、重要な役割を果たすのが、質感チップホイルワーク。その使い方のコツを学ぼう。

「コントラスト」と「ハーモニー」でバリエーションを増やす

「コントラスト（明度）」の一例

±4レベル以上（「A さらさら」と「B やわらか」はハイライトのみ）の明度差は「コントラスト」に分類される。立体的な毛束感が際立つので、髪の動きがはっきりと分かる。

使用薬剤／（ホイル）ミルボン「オルディーブ アディクシー」ハイブリーチ＋6%（2倍）（ベース）「オルディーブアディクシー」9SmokyTopaz：13SmoyTopaz＝2：1＋6% ※それぞれ30分放置（ダブルプロセス）

「ハーモニー（明度）」の一例

±3レベル以内（「A さらさら」と「B やわらか」はハイライトのみ）の明度差は「ハーモニー」に分類される。ホイル部分の毛束感がベースになじむので、髪にツヤ感が生まれる。

使用薬剤／（ベース）ミルボン「オルディーブアディクシー」9SmokyTopaz＋6%（ホイルワーク）「オルディーブ アディクシー」9SmokyTopaz：13SmokyTopaz＝1：2＋6% ※30分放置

「コントラスト（彩度）」の一例

トーン図（72ページ参照）でベースとホイル部の色相環が3つ以上隣であれば「コントラスト」となる。明度差はついていないが、髪の動きがはっきりと分かる。

使用薬剤／（ベース）ウエラ「イルミナカラー」6STARDUST：8NUDE＝1：3＋6%（ハイライト）「イルミナカラー」10BLOSSOM：10CORAL＝1：1＋6% ※30分放置

「ハーモニー（彩度）」の一例

トーン図（72ページ参照）でベースとホイル部の色相環が2つ隣以内であれば「ハーモニー」となる。ツヤ感がかなり強調される。

使用薬剤／（ベース）ウエラ「イルミナカラー」8SAFARI：8CORAL＝1：5＋6%（ハイライト）「イルミナカラー」10BLOSSOM：10CORAL＝1：1＋6% ※30分放置

質感カラーの明度と彩度は、質感チップホイルワークの入れ方により、「コントラスト」と「ハーモニー」の2種類に分けられる。仕上がりのベース＆ホイルワークにおける明度・彩度の差によって、上記のようにどちらになるかが決まり、それぞれ異なるデザイン効果が生まれる（上のウイッグはすべて「C しなやか」）。

キュート

目指す女性像のイメージに合わせて
質感カラーをデザインしよう

5つの質感による違いだけでなく、目指す女性像イメージに合わせて質感カラーを使いこなせるようになれば、サロンワークでの提案の幅が大きく広がる。その例をここでいくつか披露しよう。

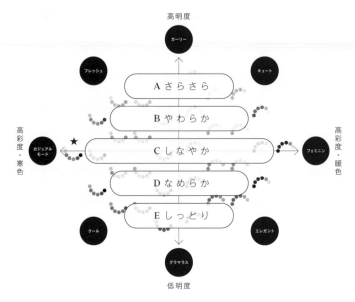

イメージをつくり分けるときは、第5章で学んだ5つの質感×イメージ図（トーン図を分割したもの）にしたがって、質感カットや質感カラーを施していく。

フェミニン

高彩度・暖色

③ チェリーピンク系カラーの「ハーモニー」で深みのある色みの「フェミニン」に。ナチュラル系クリームでランダムな髪の動きを出した。

④ オレンジベージュ系カラーで「コントラスト」を効かせ、華やかかつ「エレガント」なデザインを表現。セミウエット系ワックスでスムースな動きに仕上げる。

エレガント

使用薬剤①／（ベース）ミルボン「オルディープ アディクシー」13 Emerald＋6％　（ホイル）「オルディープ アディクシー」13SmokyTopaz＋6％（2倍）※30分放置

使用薬剤②／（ベース）ウエラ「イルミナカラー」6STARDUST＋6％　（ホイル）「イルミナカラー」8OCEAN：8ORCHID＝3：1＋6％　※30分放置

使用薬剤③／（ベース）ウエラ「イルミナカラー」8BLOSSOM：8CORAL＝1：1＋6％　（ホイル）「イルミナカラー」12SAFARI：10BLOSSOM＝2：1＋6％　※30分放置

使用薬剤④／（ベース）ミルボン「オルディープ」7-sTB＋6％（ホイル）「オルディープアディクシー」11SmokyTopaz＋6％※30分放置

使用薬剤⑤／（ホイル）ミルボン「オルディープ アディクシー」PaleOrange：Clear＝1：2＋3％　（ベース）「オルディープ」8hCN：8sTB＝3：1＋3％　※それぞれ20分放置（ダブルプロセス）

使用薬剤⑥／（ホイル）ミルボン「オルディープ アディクシー」ハイブリーチ＋6％（2倍）※20分放置　（ベース）ウエラ「イルミナカラー」10STARDUST：10NUDE＝1：3＋6％　※30分放置（ダブルプロセス）

高明度

フレッシュ

ガーリー

① グレージュ系カラーで「コントラスト」を効かせ、メリハリある「フレッシュ」なイメージのデザインに。ドライ系ワックスでスパイキーに。

⑤ ペールベージュ系カラーで「コントラスト」を効かせ、やわらかで「ガーリー」な雰囲気のデザインを表現。セミドライ系ミルクで髪の動きをエアリーに仕上げる。

カジュアル
モード

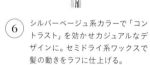

低彩度

高彩度・寒色

⑥ シルバーベージュ系カラーで「コントラスト」を効かせカジュアルなデザインに。セミドライ系ワックスで髪の動きをラフに仕上げる。

クール

② シルバーグレー系カラーの「ハーモニー」で深みのある「クール」系デザインに。ウエット系オイルでスリークな面を強調。

グラマラス

低明度

「質感チップホイルワーク」を実践することで
質感カットのデザインの幅は大きく広がる

質感カットの効果を強調する技法、質感カラー。本章で、質感チップホイルワークを学んだことで、その基本は全て知ることができた。しかし、サロンワークベースでの質感カラーは、いわゆる「応用」的な使い方をする場合も多い。セオリーをしっかり覚えて、自分なりの使い方ができるように練習しよう。

宿題

①
「5つの質感」ウイッグ（グラベース）に、「基準通り」の質感カラーを入れてみよう。

本章の「5つの質感」ギャラリーでは、質感効果を見て分かりやすくするためにハイライトは全て＋3レベルで入れた。自宅やサロンでの練習時は、「基準通り（安全圏）」のハイライトやローライトを施して、違いを検証してみよう。

②
「実践編」を試してみよう

グラとレイヤーのミックススタイルである「実践編」（72ページ〜）のスタイルは、質感カラー中級者にうってつけの練習内容。カットからスタイリングまで駆使して、「C しなやか」の質感を完成させよう。

③
コントラストとハーモニーの
違いを確認しよう

記載されているレシピやルールを参考に、同じカットベースのウイッグで、明度や彩度のコントラスト／ハーモニーをつくり分け、その違いを確認してみよう。

Manual
of
Learning

TEXTURE
CUT

最終章

フルデザインに挑戦！

～質感カットを軸にサロンワークを組み立てよう～

質感カットの大基本、グラベースへの施術をマスターしたあなたが
次に進むべきは、レイヤーベースに対する施術。
独自のルールを覚えてしまえば、あらゆるカットベースへ
質感カットを応用させることができるのだ。

「フルデザイン」って何だろう？

『ROSE』のサロンワークの根幹をなす「フルデザイン」とはいったいどんな概念なのか。
まずは、その考え方を、そして、何のために行なっているのかを知ろう。

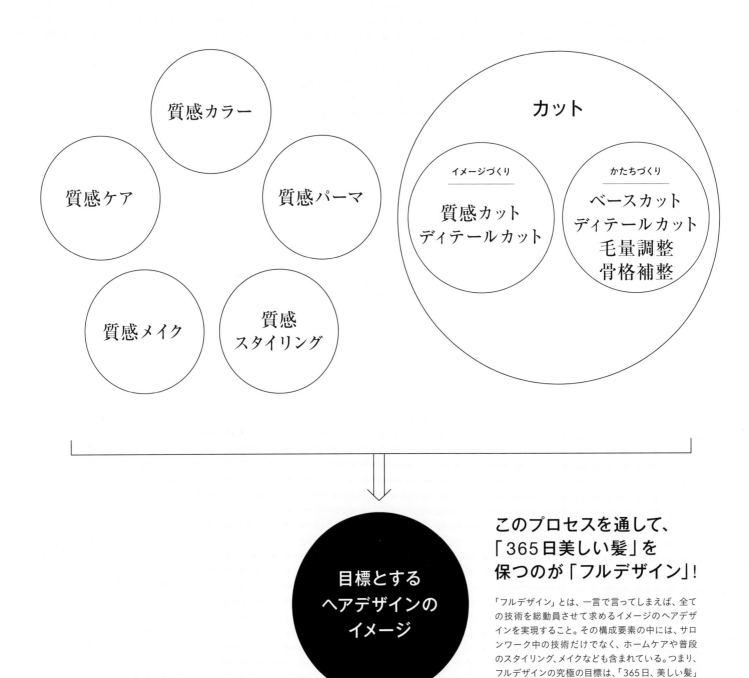

質感カラー

質感ケア

質感パーマ

質感メイク

質感
スタイリング

カット

イメージづくり

質感カット
ディテールカット

かたちづくり

ベースカット
ディテールカット
毛量調整
骨格補整

目標とする
ヘアデザインの
イメージ

このプロセスを通して、「365日美しい髪」を保つのが「フルデザイン」！

「フルデザイン」とは、一言で言ってしまえば、全ての技術を総動員させて求めるイメージのヘアデザインを実現すること。その構成要素の中には、サロンワーク中の技術だけでなく、ホームケアや普段のスタイリング、メイクなども含まれている。つまり、フルデザインの究極の目標は、「365日、美しい髪」でいることなのだ。

「フルデザイン」の進め方

「フルデザイン」は、どのような流れで進めていけば良いのだろうか。
ここでは、求めるイメージを元にした実際のサロンワークの一例を、紹介する。

② 思い描いたヘアデザインのイメージが、「イメージマップ」のどの位置に来るのかを考える

目指すヘアデザインが第5・6章で登場した「女性像イメージマップ」のどこに位置するかを考える。8つの女性像に「当てはめる」「決めつける」のではなく、あくまで、女性像の方向性としてどのあたりなのかを思い描く。

① カウンセリングし、「理想のヘアデザイン」を思い描く

お客さまとのカウンセリングの中で、要望やお悩み、なりたいイメージなどを聞きつつ、似合うヘアデザインを思い描く。そのヘアデザインをまとったお客さまはどんな女性像になるかを考える。

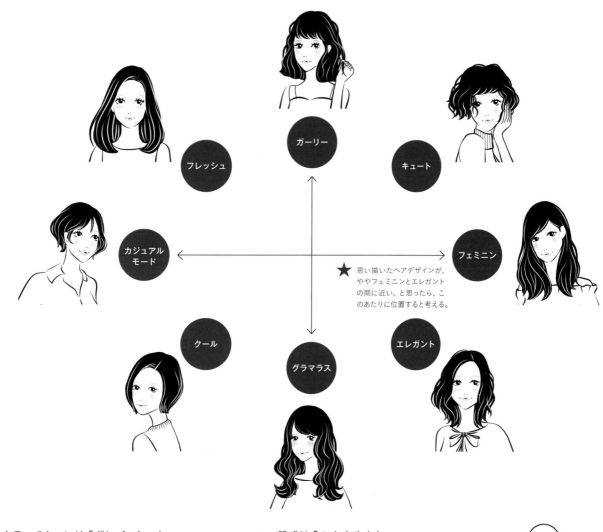

★ 思い描いたヘアデザインが、ややフェミニンとエレガントの間に近い、と思ったら、このあたりに位置すると考える。

（マップのラベル：フレッシュ、ガーリー、キュート、カジュアルモード、フェミニン、クール、グラマラス、エレガント）

ex. ヘアカラーのトーンは「グレイッシュ」

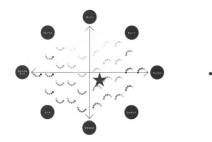

さらに、「質感カラー」は、横軸も意識した上で決める（イメージを変えるときは例外もあり）。この位置であれば、トーンは「ダル」、色相は「暖色」が基準となる。それを理解した上で、さまざまなアレンジを加えながら施術を組み立てていく。

ex. 質感は「C しなやか」

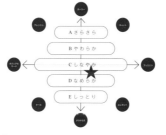

（A さらさら / B やわらか / C しなやか / D なめらか / E しっとり）

「5つの質感」のどれを選ぶかは、つくるヘアデザインが女性像マップで縦軸のどこに位置するかによって決まる。この位置であれば、質感カットは「C しなやか」が該当する。

③ イメージマップを基準に「質感」を選び、トータルな施術を組み立てる

②で決めた位置を基準に、まず施す質感を決める。例えば、ガーリー寄りなら「A さらさら」、グラマラス寄りなら「E しっとり」のように決定。さらに、ヘアカラーをする場合は、その位置を基準に「質感カラー」のレシピを組み立てる。

実践！「フルデザイン」

いよいよ、質感カットをお客さまに施す時。持てる技術と知識を総動員して「フルデザイン」を提供する、2つの例を紹介する。
女性像マップを使った、施術の組み立て方に注目したい。

［CASE 1］
再来店のお客さまを、質感カット×質感カラーでメンテナンス！

リピート客の心をしっかりつかむための施術とは？
ここでは、再来店のお客さまの髪を現状維持しつつ、さりげなく「フルデザイン」の良さを知ってもらうための提案を見る。

PLAN

カット

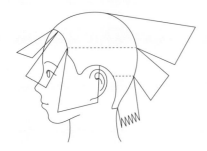

ベースカット

長さは変えたくないお客さまの要望を受け、ベースカット（グラベースのショート）はほぼ変えず、襟足のみチョップカットで軽さを出す。

質感カット

前回に引き続き「A さらさら」の質感カットを全頭に施す。グラベースなので、アンダーは3分の1、ミドルは2分の1、オーバーは3分の2の深さに入れる。ディテールカットはレザーカットを使用。

ヘアカラー

「フレッシュ」寄りのトーン＆セオリーをアレンジ

「フレッシュ」に近い位置の中から、今回は「ライト」を選択。ベースの明度は、本来であれば12レベル以上がセオリーだが、落ち着いた服が好きなお客さまに合わせて11レベルに。また、本来「フレッシュ」であれば寒色を選ぶのが基本だが、前回のグレージュからイメージを変えるために、やや暖色寄りのオレンジベージュ系にする。質感チップホイルワークは、セオリーどおり、ベースから3レベル明度が高いハイライトに。

その他

デザインツール（＝店販品）として、スタイリングで使用するドライ系のクリームと、ヘアケアとして、キューティクルを補修し、髪のさらさら感を強調するアウトバストリートメントを提案。現状はダメージレベル2で、これ以上傷ませたくないので、普段のお手入れもサポートする。

BEFORE

軟毛で、量はふつう。ダメージレベルは5段階中2。シンプルな服が好き。本日は3回目の来店。前回は1カ月半前にショートにして、「フレッシュ」のイメージで「A さらさら」の質感カットを施した。また、質感カラーとしてグレージュ系のヘアカラーを施した。

COUNSELING

高木：こんにちは。今日はどんな気分ですか？

お客さま：今髪を伸ばしてるんで、長さは変えたくないんですけど、雰囲気を変えたいな、と思っています。

高木：伸びた分重さが出てきているから、少し軽さを出すだけにしておきましょう。秋らしいヘアカラーで、動きを見せるようにするのはどう？

お客さま：どんな色がいいのかな。

高木：肌色がイエローベースだから、オレンジベージュが似合うと思います。前の色が寒色だったから、気分はかなり変わりますよ！それで、ホイルカラーをすれば、髪の「さらさら」した動きをもっと強調できます。

お客さま：じゃあ挑戦してみます！

（ここで、スペシャリスト※登場）

高木：イメージはフレッシュ、質感は「A さらさら」で、ヘアカラーは～
（施術内容を共有）

（再び会話に戻る）

高木：今日は、「さらさら」した髪の質感を強調するために、ドライ系のクリームを使います。

お客さま：こんなのがあるんですね～。

（続く）

※『ROSE』では、デビュー前のスタッフのことを「アシスタント」ではなく「スペシャリスト」と呼ぶ

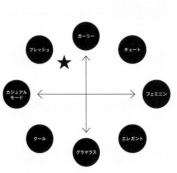

イメージはフレッシュ
質感は「A さらさら」に決定！

カット ベースを変えずに、「A さらさら」の軽さを表現していく

主に、前回入れた「A さらさら」の質感カットを再び入れて、質感のメンテナンスをする。
グラベースの段構成に合わせて、シンプルに、ほぼセオリー通りの質感カットを施していく。

質感カット（A さらさら）　　　　ベースカット

バックから施術開始。アンダーは3分の1、ミドルは2分の1の深さに「A さらさら」の質感カット。髪がたまりやすいコレクトゾーン（写真）ではパネルを薄めに引き出す。

「A さらさら」なので、ピッチ幅は1ミリ。細かいチップで毛束を間引き、1本1本動く軽い髪を表現する。

全体の長さは切らずに、襟足のみカット。チョップカットで、裾周りの重さを取るように毛先を削る。

前髪は、軽くなりすぎないように、やや浅めに質感カット。程よく重さを残して、まとまりやすくする。

オーバーはやや深めに、3分の2の深さで施す。入れる深さをセクションによって変えることで、全頭で質感が表現された部分をつなげる。

サイドのミドルに質感カットを施す。生え際の「デッドゾーン」を外しつつ、❷と同様の深さ、ピッチ幅で毛束を間引いていく。

ディテールカット（レザーカット）

前髪は、もともと質感カットを浅く入れているので、ディテールカットも浅く、毛先のみに施す。

質感カットを入れた深さの、さらに2分の1以下の深さにレザーを入れて、毛先に動きをつくる。

「A さらさら」のディテールカットは、「レザーカット」と決まっている。再び髪を濡らして、質感をサポートする毛先の動きをつくっていく。

基本を意識しながらイメージチェンジをする質感カラー

すでに質感カラーを経験済みのお客さまに、今回はさらに「質感チップホイルワーク」を使った施術を提案。
色みの選択は、基本のセオリーからややアレンジして、気分を変える。

① オレンジベージュ系のヘアカラー剤Aを使って、ハイライト施術。特に、顔周りの「インプレッションポイント」を忘れずに施術。

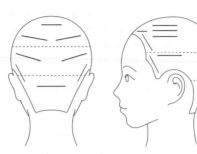

グラベースの基準に合わせて、全体に横スライスで規定通りのホイル配置でウイービングを並べる。赤で示したのは、髪を動かしたときに特に目立つ「インプレッションポイント」。

使用薬剤
A（ハイライト）ミルボン「オルディーブ」11-sTB+6%（2倍）
B（ベースカラー）「オルディーブ」8-sTB：11-sTB＝3：1+4.5%

質感チップホイルワークは、「A さらさら」の基準にのっとって、幅3ミリ、間隔3ミリ、深さ3ミリのウイービングで施す。

④ 前髪は、顔周りのインプレッションポイントと被らないように、内側にのみ、幅の狭いスライスからパネルを引き出して、同様にウイービング。

③ ミドル・オーバーセクションには、横スライス（やや斜め寄りの横スライス）でウイービング。アンダーセクションも同様。

② つむじ周りは、渦の中心に対して放射状にパネルを引き出して、同様にウイービング。

⑦ 染まり上がりの状態。秋らしい落ち着いたオレンジベージュの中に、ハイライトがしっかり出て「A さらさら」の軽い質感が強調された。

⑥ 塗布が終了した状態。このまま、25分放置し、水洗。

⑤ ホイルをつけ終わったら、そのままベースにオレンジベージュ系のBを塗布していく。

スタイリング 弾むような軽さを引き立てるスタイリングを心掛ける

3 サイドの髪をリバース方向に動かしながら、正面から見た時のアウトラインをつくる。

2 襟足からかたちをつくっていく。指先で毛束感を出し、自然にかたちを整える。

1 ドライ系のクリーム系スタイリング剤を使用。手に少量とり、手の平から指の間にまで良く伸ばす。

質感カットでつくった動きや手触りをつぶさないためには、適切なスタイリング剤の選択が必要。通常、「A さらさら」の場合はワックス、スプレー、ムースなどの中から「ドライ」な仕上がりのものを選ぶ。多くの場合、クリームは「B やわらか」以降で使用するが、今回はドライ系のクリームを使用した。

5 フロントを軽く動かして、毛束を散らす。最後に前髪につけることで、ペタっとするのを防ぐ。

4 全体に手グシを通す。「A さらさら」の場合は、何度も手で触り、薄づけを繰り返すことで細い束感を出すのがポイント。

Full Designed!

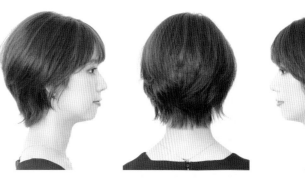

質感カットと質感カラー（質感チップホイルワーク）により、「A さらさら」の動きが強調された。賞美期限を考えると次回来店は1カ月半〜2か月の間くらいと予想。次回は、今回入れたハイライトが残っているはずなので、それを生かしてまた同系色で染めるか、色みを変えるか、という2つの選択肢がある。女性像は、今後しばらく「フレッシュ」寄りで進めていき、ミディアムくらいの長さになったら、パーマを提案するなどして新しいイメージを探っていきたい。

hair design & make-up_Tatsuya Takagi [ROSE]
photo_Seiji Takahashi [JOSEI MODE]

新規のお客さまを、質感カット×質感パーマでチェンジ！

初めて来店するお客さまには、「フルデザイン」を駆使して、他店との違いを実感してもらいたい。お客さまの好みを探りながら、満足のいく「チェンジ」を体験してもらおう。

PLAN

カット

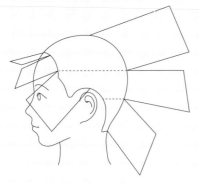

ベースカット

アンダーセクションはレイヤーベースで軽く、ミドル・オーバーセクションはグラでカットして、くびれのあるウルフレイヤーに。

質感カット

「C しなやか」で重さと軽さのバランスが取れた質感をつくるが、パーマをかけるので、通常よりも浅く間引く。イメージを「カジュアルモード」に寄せて、ラフなグランジ風の仕上がりを目指す。

パーマ

ラフなCカールで、よりカジュアルなイメージを強調

全体に平巻きでCカールをつけていく。上のセクションに行くほどロッド径を大きくしていき、カールの重なりでラフな印象をつくる。

その他

やや潤いが足りない髪なので、デザインツールは水も油分もプラスするトリートメントをおすすめ。スタイリングは、ナチュラル系のワックスを選択。

BEFORE

知人の紹介で初来店。職業はショップ店員。3カ月前に他店でカット、1週間前に9レベルのパープル系のヘアカラーを施術したばかり。服装はかなりカジュアル好み。髪質は太く、多毛。毛先が膨らみやすくまとまりにくいクセがある。

COUNSELING

（はじめましてのあいさつの後）

高木：今日はどんな気分ですか？ 切りたいか、伸ばしたいか……

お客さま：髪が多くて梳かれてからまとまらなくて、どうしたらいいかわからないんです……。

（しばしお悩みを聞く、その後、普段の服装について聞いて、）

高木：ちょっと全身バランスを見ましょう、一度立っていただいていいですか？

（全身を確認）

高木：ここから伸ばすなら、デコルテ付近までなら全身のスタイルがきれいに見えます。

お客さま：そうなんですね。ロングを切って間もないので、しばらくは短くしようと思っていました。

高木：それでしたら、今の長さをキープしながら似合うデザインを探していきましょう。現状だと、お顔が長く見えてしまうので、髪に少しだけカールをつけましょうか。

お客さま：それ、自分でも気になっていました！

（しばし、お顔への似合わせのお話）

お客さま：最終的にどうなるんですか？

高木：クセも少しあるので、緩いカールをプラスして、無造作なグランジヘアにします。

お客さま：楽しみ！ お願いします！

（この後、スペシャリストとプランを共有）

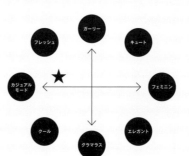

イメージはカジュアルモード、質感は「C しなやか」に決定！

カット

しなやかに動くウルフレイヤーを、パーマを想定して切る

ベースカットでウルフレイヤーを切り、パーマの動きを強調できるように質感カット。
「Ｃしなやか」の質感を軸に、イメージチェンジを行なう。

ベースカット

オーバーセクションも縦スライスでレイヤーを入れる。ミドルと、わずかにディスコネさせて、髪の重なりを強調。

ミドルセクションからはレイヤーカット。アンダーとディスコネさせて、縦スライスでカットし、丸みをつくる。

アンダーセクションはグラデーションカット。肩にかかるくらいの長さにアウトラインを設定し、チョップカットで切る。

「Ｃしなやか」のセオリーにのっとって、5ミリのピッチ幅で間引く。ただし、「質感パーマ」が控えているため、シザーズを入れる深さは浅くなる。

質感カット（Ａ さらさら）

同様に、オーバーセクションは本来なら3分の2の深さに入れたいところを、やや浅く、2分の1の深さに質感カット。

ミドルセクションは、この場合は長さに合わせて2分の1で質感カットを入れるのがセオリーだが、やや浅く、3分の1の深さに入れる。

アンダーセクションは、セオリーでは3分の1の深さで質感カット。やや長さがあるので、2分の1にしたいところだが、パーマを想定して3分の1に留める。

前髪は、透け感を出したいので比較的深く、2分の1に質感カット（パーマなしなら3分の1が適正）。

サイドのオーバーは、本来なら3分の2の深さで入れたいところを、2分の1の深さで質感カット。

サイドは、本来は3分の1で入れたいところを、4分の1の深さで入れる。同じミドルでも上のパネルはオーバーとのつなぎとして3分の1の深さで入れる（本来は2分の1）。

ディテールカット（ストロークカット）

「Ｃしなやか」の質感をより強調するのはストロークカット。毛先をかたちづくって、動きを出しやすくする。

各パネルの、質感カットを入れた深さの2分の1の深さに、ストロークカットを入れる。

毛量調整

全体に毛量が多く、溜まりやすいので、ハチ周りを中心に軽くセニングを入れて毛量調整。

ヘアカラー シンプルなCカールを積み重ねて動きとシルエットを出す

「質感パーマ」を意識して質感カットを入れたので、パーマはシンプルなロッド構成でかける。
「C しなやか」の動きをサポートするようなワインディングを心がける。

ワインディング

ワインディングはすべて「ダブルペーパー」で行ない、余計な毛束が動くのを防ぐ。

バックから巻いていく。アンダーは17ミリロッド、ミドル＆オーバーは20ミリロッドで、1.5回転の平巻き。

RECIPE

使用薬剤
1液 アリミノ「コスメカール」H
2液 「コスメカール」アフターローション

工程
ワインディング後、1液を塗布して5分放置。
中間水洗、2液塗布後、10分放置して水洗。

前髪は、細めの15ミリロッドを使って縦巻き。毛束を細かく分けて、Cカールを並べる。

外側もバックと同様、20ミリロッドで巻く。全体に、Cカールの重なりをつくる。

サイド内側も、バックと同様に17ミリロッドで平巻き。

ROD ON & WASH OUT

ウォッシュアウト直後の状態。毛先に緩やかな動きがついている。

ワインディングが終了。

スタイリング スタイリング前のブローにポイントあり！

内側にも手を入れて、たっぷりとつける。

ナチュラル系のワックスを手や指に伸ばして、全体にもみ込みながらつける。

髪をドライしながら、毛先〜中間を軽く握る（スクランチ）ようにして、カールが崩れないようにする。

「C しなやか」にマッチするスタイリング剤は、全質感の中でももっとも多くの種類がある（ポマード以外）。今回は、毛先のラフな動きを強調したいので、動きをつけやすいナチュラル系のワックスを選択した。

最後に、手に残ったワックスだけを使って、バングに薄づけ。束感を強調する。

毛先を、ブローの時と同様にスクランチしながら、何度も触れる。

Full Designed!

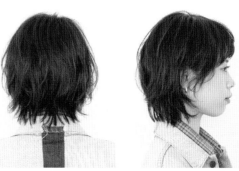
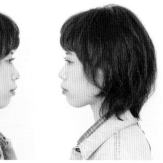

表現の振り幅が広い「C しなやか」の中でもかなりカジュアルな印象に仕上がった。次回来店は、新規の方なので伸びた状態を確認するために1カ月後をご案内。何も問題がなければカウンセリングで終了。問題箇所があれば、チェックカットする。今後は、ヘアケアを繰り返しつつ、質感チップホイルワークを体験してもらう予定。

hair design & make-up_Tatsuya Takagi [ROSE]
photo_Seiji Takahashi [JOSEI MODE]

「フルデザイン」をさらに強固にしよう

「365日、美しい髪」を目指す「フルデザイン」では、毎日のヘアケアやメイクについても「5つの質感」に基づいてアドバイスすることができる。ここでは、その入門編をいくつか紹介しよう。

① 質感ケア

質感カットで髪に求める質感を表現するなら、髪質そのものも、求める質感に寄せていかなければならない。「質感ケア」は、そのための大切な概念となる。

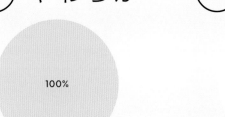

B やわらか

ふんわりした硬さのない「B やわらか」には、しっとりしすぎない軽めの水分で満たすのがベスト。油分が多いと、弾力やハリが出て相性が悪い。「熱ダメージ・紫外線」ケア用の粧材にマッチするものが多い。

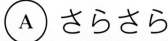
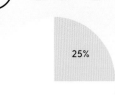

A さらさら

1ミリという細かいチップで施す「A さらさら」の髪には、軽いだけのヘアケアではパサつきが目立つこともある。1本1本揺れ動くような動きを出すために、水分や油分の補給よりもキューティクル補修に特化したものがおすすめ。

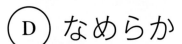
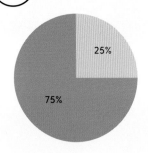

D なめらか

デコボコがなくつるつるな印象の「D なめらか」には、油分を補うように設計されているものを用いることが多く、クセ毛対応の製品が使いやすい。ただ、油分に振りすぎるのも良くないので、アウトバスは強水分のミルクタイプを合わせたい。

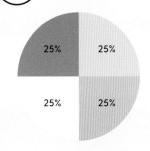

C しなやか

弾力と軽さ、潤いのバランスが整った「C しなやか」には、ヘアケア剤も水分と油分がバランス良く含まれたものを使いたい。「内部補修・保湿」を謳う粧材は、水分が逃げないように油分も含まれているので、使いやすいことが多い。

凡例
- 弱水分
- 強水分
- 弱油分
- 強油分

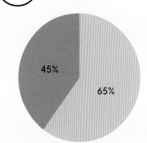

E しっとり

落ち着いた印象の「E しっとり」の髪には、文字通り水分で潤いを補うものがベスト。水分を中心に、やや油分も組み合わせたようなものが良い。内部補修、特にCMCに特化した保湿成分のある製品などがおすすめ。

ダメージレベル0
（バージン毛）

→髪本来の水分や油分が十分にあり、ツヤ、潤い、ハリ、弾力のある健康毛。クシでとかした時にスムーズに通る。

ダメージレベル1
（ローダメージ毛）

→パサつきが少なく、見た目にもツヤがあるが、毛先に少し傷みがある状態。

ダメージレベル2
（ライトダメージ毛）

→髪本来のしなやかさが失われ、パサつきが目立つ状態。中間～毛先にかけてツヤがなく、手触りもゴワつく。

ダメージレベル3
（ミドルダメージ毛）

→パサつきや毛先のからまり、ザラつきがあり、乾燥した髪。遠目から見てもダメージがわかる。

ダメージレベル4
（ハイダメージ毛）

→本来の髪のツヤや弾力はなく、パサバサな状態。指通りも悪く、水分をすぐに吸収する。

ダメージレベル5
（スーパーダメージ毛）

→極度のパサつきがあり、水にぬらすと軟化する。引っ張るとゴムのように伸び、切れてしまう。

サロンケア・ホームケアともに、ヘアケア製品選びの基準となるのが、この「質感ケア」の概念。上のダメージレベル（『ROSE』基準）表で、ボリュームゾーンに当たるレベル1～2に該当する髪を対象に、5つの質感に合わせた粧材を提案する。

② 質感メイク

「フルデザイン」は、メイクアップ（質感メイク）もカバーする。女性像マップと照らし合わせて、メイク独自の「5つの質感」を判定。ベースメイクを行なう時の基準とする。

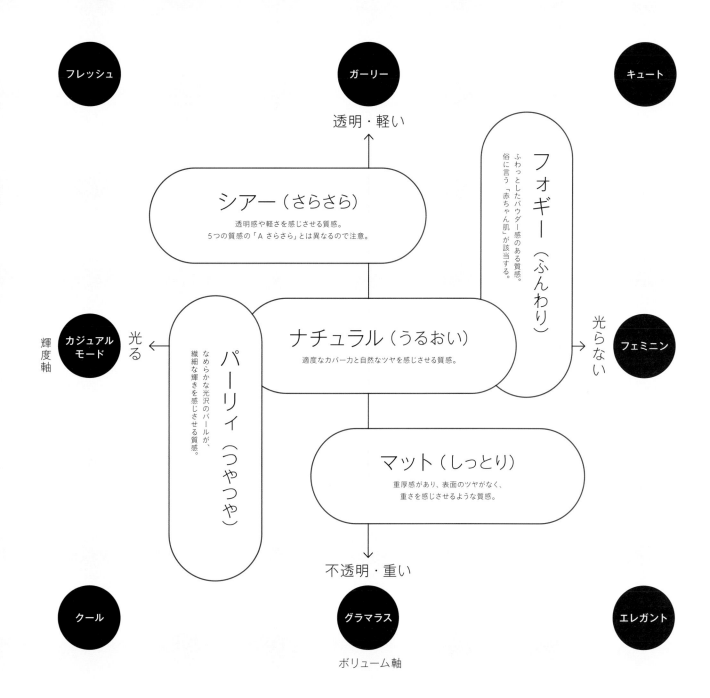

フレッシュ

ガーリー

キュート

透明・軽い

シアー（さらさら）
透明感や軽さを感じさせる質感。
5つの質感の「A さらさら」とは異なるので注意。

フォギー（ふんわり）
ふわっとしたパウダー感のある質感。
俗に言う「赤ちゃん肌」が該当する。

カジュアル
モード

輝度軸

光る

ナチュラル（うるおい）
適度なカバー力と自然なツヤを感じさせる質感。

光らない

フェミニン

パーリィ（つやつや）
なめらかな光沢のパールが、繊細な輝きを感じさせる質感。

マット（しっとり）
重厚感があり、表面のツヤがなく、重さを感じさせるような質感。

不透明・重い

クール

グラマラス

エレガント

ボリューム軸

まず、「質感メイク」における「5つの質感」は、質感カットとは分類の仕方も概念も異なるものだということに注意したい。女性像マップにお客さまのヘアデザインの位置を探し、それが、上記の5種類のうちどの範疇に入るかを考える。なお、質感メイクにおける女性像マップの軸は、縦が透明感、横が光沢感の度合いを示している。

Report　質感カットでサロンを成功に導く

質感カットをカット技術の要に据え、「フルデザイン」を全サロンを上げて展開している『ROSE』。
同店に、質感カットはどのようなメリットをもたらすのか。その一端に触れてみたい。

教育編　質感カットを軸に、スタッフの「共通認識」を養う方法

「スペシャリスト」という自覚を持たせる

デビュー前のスタッフは「アシスタント」であるというのが通常の考え方であるが、『ROSE』では彼らのことを「スペシャリスト」と呼ぶ。スタイリストとともに、目指す質感や女性像を一緒につくり上げていく仲間だと意識させることで、「フルデザイン」に対する責任感を養う。

「イメージ」を明確に意識させる

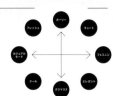

『ROSE』のスタッフたちは、入社した時から「5つの質感」と「フルデザイン」の概念を覚える。日々の練習やサロンワークの中で、いつしか女性像マップが頭の中に描けるようになり、スタイリストが目指す女性像がどの位置にあるか、という情報を共有しやすくなっている。

カットの習得カリキュラムを改革

現在、『ROSE』のデビューまでの期間は2年間。以前はもっと長かったが、高木氏が質感カットの理論を完成させたのをきっかけに、ベースカットの教育内容はシンプルに、半分の量に減らすことができた。また、カットを学ぶ初期段階から質感カットを学ぶ流れになっている。

『ROSE』の教育カリキュラム

1年目
- ■4〜6月 …… シャンプー、ヘッドスパ、トリートメント
- ■7〜9月 …… ベーシックカラー、カラー応用
- ■10〜11月 … ストレートパーマ
- ■12月 ……… レッスンなし
- ■1〜3月 …… ベーシックカット、デザインパーマ、ブロー

2年目
- ■4月 ………… メンズカット
- ■5〜11月 …… カットモデル100人
- ■12月 ……… レッスンなし
- ■1〜2月 …… メイク、撮影
- ■3月 ………… スタイリストデビュー

質感カットおよび、そこに関連する女性像などの概念は、『ROSE』のサロンワーク、そして教育の要といってもいいほど、至るところに出てくる。入社まもないスタッフたちは、まだカットの練習が始まらない1年目でさえ、「5つの質感」の考え方を、ヘアケアの練習や実践の中で徹底的に叩き込まれる。ゆえに、カットの練習が始まっても質感カットの考え方をすぐ理解することができる。

営業編　質感カットがあるから、また来てもらえる、選ばれる

単価アップにつながる！

ホイルカラーが当たり前

質感カットと組み合わせる「質感カラー」を自然な流れで提案している『ROSE』。その効果を存分に感じてもらうためには、やはり「質感チップホイルワーク」が有効。お客さまもそれを知っていて、ホイルカラーをオーダーする率が高くなっている。

「デザインツール」が良く売れる

「デザインツール」とは、俗に言う店販品のこと。『ROSE』では、フルデザイン＝「365日美しい髪」を実現させるための大事な道具と考え、この名前で呼んでいる。「質感ケア」や「質感スタイリング」を基準にしているため、根拠を持ってお客さまに勧めることができる。

質感カット、そしてフルデザインの考え方は、さまざまな場面で『ROSE』の人気を支えている。「5つの質感」は全ての技術に関連するため、関連商品が良く売れ、＋αのデザイン提案もしやすい。また、質感カットで切られた髪はデザインの持ちがいいが、お客さまの来店頻度は高いという。それは、お客さまに「365日最高の状態でいたい」という気持ちが芽生えて、まるでメンテナンスをするかのように来店してくれるからだ。

リピートにつながる！

質感カットを施して扱いやすくなった髪は持ちも良く、お客さま満足度が高い。しかし、時にはお客さまに浮気されてしまうこともある。ただその場合、1度は良くても、2度目にカットした後、質感カットの効果がほぼなくなってしまい、『ROSE』でも仕上がりの良さを思い出してくれる。結果、また戻ってきてくれるのだ。

時短につながる！

質感カットは、カットにひと手間加えることになるため、時間がかかる技術だと思われがち。しかし実際には、一般的な「質感調整」の時間がないために、効率良くドライカットを進められる。さらに、2度目以降の質感カットは、取る毛束の量が少なくなるので、施術時間はさらに短くて済む。

三重県鈴鹿市の住宅街。繁華街でも、買い物エリアでもない。決して立地として良い条件ではないが、『ROSE』は繁盛し続けている。それを中心となって支えているのは間違いなく、高木氏がつくった「質感カット」なのだ。

「フルデザイン」は、これからのサロンワークを
支えるヘアデザイン概念

高木氏のヘアデザインに関する時代感は、大きく3つの時代、3段階に分かれている。最初は、求めるかたちを正確につくる「ヘアスタイル」の時代、そのあとは、お客さまに似合わせながらかたちをつくる「ヘアデザイン」の時代。そして、これからは、365日美しい髪でいることを目指す「フルデザイン」の時代なのだと。そのためにはすべての技術が必要で、かつ、その中心となる技術が「質感カット」なのだ。

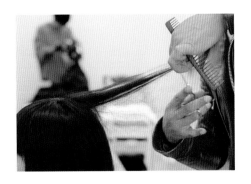 

宿題

② メイクやケアにも、質感を反映させてみよう

本企画では詳細には触れなかったが、100〜101ページにて「質感ケア」と「質感メイク」の概要について学んだ。ヘアケアにこだわりがあったり、メイクが得意な人は、その概要を元に、質感カットに合わせたケア・メイクメニューを提案してみてほしい。

① 「フルデザイン」に挑戦してみよう

まずは、「質感カット」をサロンワークでお客さまに適用し、その効果を実感してみよう。自然に質感を施せるようになったら、次は、質感カラーやパーマなども組み合わせていき、最終的に「フルデザイン」が提供できるようになろう。

Manual
of
Learning
TEXTURE
CUT

巻末付録

〜「質感カット」をより深く知るために〜

「質感カット」は、どのような思いから生まれ、どのように体系立てられていったのか。メソッド確立に至るまでの歴史を、創始者の高木達也自身が語る！

自分のカットはどこまで通用するのか！新天地で力試しをしたかった

もともと、名古屋市内に自分のサロンを出すつもりでした。

20代前半まで同市内数店舗のサロンに勤めて、「カットを武器にして生きていくんだ！」と、練習に励む毎日。そして、自分の腕を試すために、独立を決意しました。物件を決め、サロンの構想も固めて……と、そこで1つの疑問が。「今まで同じエリアだと、きっと前店で担当していたお客さまも来てくれる。でも、その環境で成功しても、本当に自分の力といえるのだろうか？」。

僕は急遽、それまでとは離れた土地である三重県鈴鹿市に物件を探し、縁もゆかりもない地にサロンをつくることにしました。

2001年にオープン。最初のカット料金は、独立前にいただいていた4,000円から少し値上げして5,000円。当時、同じ地域のカット料金の相場は3,000円程度だったので、かなり強気な料金設定でした。片田舎ではあっても、この店におしゃれなお客さまがたくさん来店するようにしたい。そんな気持ちで、思いを貫きました。

少しずつお客さまが増えていったとき、あることに気づきました。当時は、削ぎを多用するカットが全盛で、おまけにカラーリングも相まって、髪がバサバサになっ

ているお客さまがとても多かった。

僕はその原因を、「ハサミのせいだ」と考え、職人さんと共に新しいシザーズを開発したりしながら、対応していました。でも、まだ理想には遠い……。

そんな時、2004年に新しいシャンプーとトリートメントの開発者の方に選ばれました。メーカーの方と話し合う中で、「髪質の個人差」に興味が湧いてきたので、それらをより輝かせるためのカット技法の開発にいそしむようになりました。

さまざまな方法を試しました。毛束をねじって毛先だけにハサミを入れたり、パネルを少しねじって内側だけ切ったり……。そんな中で、今の質感カットにつながる方法＝パネルの中で毛束を間引いていく方法を試したら、かなり良い感じに髪が動くようになりました。

高木さんが、髪に質感を加えるために、日々、思いついた方法や実験結果を書き込んだノート。こうした記録の中にも、現在の質感カットにつながる技法の鱗片が垣間見られる。

「質感カット」が世に受け入れられていく中で、国内外のセミナーの機会が増えてきた。各地で賛同者が増え、またそれが『ROSE』の成長につながっているのだと、高木さんは語る。

髪をきれいに見せるだけではない自由自在に操りたかった

……とはいえ、当時は今と違ってかなり太めで、ブツ切りの毛束を間引いていました。それでも、サロンワークに適用すると、お客さまからは「髪がよく動いて扱いやすい」という感想をもらうようになりました。

ここでまた1つのことに気づきました。「僕は、髪をきれいに見せることはできているけれど、それはお客さまの元々の髪質に引っ張られているだけ。狙いたい質感をつくれているわけではない」と。硬毛の人は結果的に「しっとり」寄り、軟毛の人は「さらさら」寄りに仕上げていただけだったのです。

そこから、間引くチップをミリ単位で替えながら、実験を繰り返す日々が始まりました。

試行錯誤を経て、「質感カット」の理論が完全に出来上がったのは2015年。長い道のりでした。当初こそ「何それ？」「そんな難しいこと、高木さんだからできるんだよ！」と言われていましたが、少しずつ、このカットに価値を感じている美容師が増えつつあります。

お客さまの言いなりになるのではなく、信頼関係の上で提案できる。そうってプロとして自信を持てる美容師を増やすことに、この質感カットが貢献できたとしたら、うれしいことこの上ないですね。

質感カットを学んでいて疑問に思うことや、初心者が誤解しがちなこと、
サロンワークにおける質感カットの実態などを、高木さんに解説してもらおう！

Q.2

スタイリング剤まで決めちゃうのって、
お客さまは抵抗ないんですか？

それは、今までの「未完成」のデザインの発想。僕が提唱する「フルデザイン」は、完成までの全ての過程がゴールにすえたデザインのためにあるので、使用するアイテムまで決まっていて当然なのです。仕上げのスタイリング剤のチョイスをお客さまに委ねて、緻密に構成したヘアデザインを壊されてしまうのは、プロの仕事ではないと考えます。

Q.1

質感カットを入れた後の、
次の来店ではどう施術したらいいの？

例えば質感カットを施した2カ月後に来店の場合、レングス(アウトライン)を大幅にカットしないのであれば、まだ髪に質感表現が残っているので、改めて施す必要はありません。

Q.4

メンズ客には、どのように
適応させたらいいの？

メンズは基本的に短髪が多いので、アウトラインからではなくインナーラインからの質感カットとなります。本書とは逆の発想＆別の質感表現となるので、また別の機会に（笑）。

Q.3

頻繁にイメージチェンジしたい
お客さまには、どう施術したらいい？

その都度、レングス（アウトライン）設定からやり直して、ヘアデザインを再構築するだけです。

Q.6

ブリーチやハイトーンが好きな
お客さまには、「A さらさら」一択？

基本的にはそうなります。しかし、デザイン表現はさまざまですので、本書を基本としてあなたなりのデザイン基準を見つけるのも、間違いではないと考えます。

Q.5

梳かれすぎた髪に、
質感カットは入れられるの？

できません。『ROSE』ではまず、梳かれすぎた髪が元の状態に戻るレングスにカットします。切りたくない(伸ばしたい)お客さまには、髪を少しずつ切っていき、元の状態に戻るまで、質感カットができないことをお伝えしています。もちろん皆さん納得してくれますよ！

Q.8

質感カットにかかる
時間はどのくらい？

通常のカット時間＋10分程度です。

Q.7

カラーのみの施術の人は、
どうすればいいんですか？

「質感カラー」を基準に考え、質感パーマや質感ケア、質感スタイリングや質感メイクで、さらにすてきなデザイン表現へと導くと良いですよ！ そうすることで、質感カットの必要性をより強く感じてもらえるはずです。

Q.10

部位によって毛量が全然違う人に質感カットを
施す場合は、どうすればいいですか？

その部位に対して、パネルの厚さを変えて対応します（本書14ページ参照）。

Q.9

質感カットを施すのが難しい素材は？

梳かさすぎた素材以外はありません。軟毛、普通毛、硬毛でも、質感カットでさまざまな表現が可能だから、カットやデザインが面白くなるのです！

「質感カット」入れ方早見表

各章で紹介した、質感カットの基本ルール。それらをここで総ざらい！
どのピッチ幅で、どの深さに入れるのか分からなくなったときは、このページで確認しよう。

［ピッチとディテール］

入れたい質感	ピッチ幅	ディテールカットの種類
Ⓐ さらさら	1ミリ	レザーカット
Ⓑ やわらか	3ミリ	スライドカット
Ⓒ しなやか	5ミリ	ストロークカット
Ⓓ なめらか	7ミリ	チョップカット
Ⓔ しっとり	9ミリ	ブラントカット

［シザーズを入れる深さ］

■ カットのみの場合

カットベース	部位（グラ）or 長さ（レイヤー）	質感カットを入れる深さ	ディテールカットの深さ
グラ	アンダーセクション	3分の2	3分の1以下
	ミドルセクション	2分の1	4分の1以下
	オーバーセクション	3分の1	6分の1以下
レイヤー	ロング	3分の2	3分の1以下
	肩上レングス～ミディアム	2分の1	4分の1以下
	ショート	3分の1	6分の1以下

■ パーマをかける場合〈Sカール〉

カットベース	部位（グラ）or 長さ（レイヤー）	質感カットを入れる深さ	ディテールカットの深さ
グラ	アンダーセクション	5分の2	5分の1以下
	ミドルセクション	4分の1	8分の1以下
	オーバーセクション	入れない	入れない
レイヤー	ロング	5分の2	5分の1以下
	肩上レングス～ミディアム	4分の1	8分の1以下
	ショート	入れない	入れない

■ パーマをかける場合〈Cカール〉

カットベース	部位（グラ）or 長さ（レイヤー）	質感カットを入れる深さ	ディテールカットの深さ
グラ	アンダーセクション	2分の1	4分の1以下
	ミドルセクション	3分の1	6分の1以下
	オーバーセクション	5分の1	10分の1以下
レイヤー	ロング	2分の1	4分の1以下
	肩上レングス～ミディアム	3分の1	6分の1以下
	ショート	5分の1	10分の1以下

■ パーマをかける場合〈Jカール〉

カットベース	部位（グラ）or 長さ（レイヤー）	質感カットを入れる深さ	ディテールカットの深さ
グラ	アンダーセクション	5分の3	10分の3以下
	ミドルセクション	5分の2	5分の1以下
	オーバーセクション	4分の1	8分の1以下
レイヤー	ロング	5分の3	10分の3以下
	肩上レングス～ミディアム	5分の2	5分の1以下
	ショート	4分の1	8分の1以下

「質感カラー」決定マップ

質感カラーを選ぶときには、頭の中でヘアデザインを思い描きながら、イメージに合わせて質感、
そして質感に合わせてベースカラーを決定する。その時には、以下の3つの表と照らし合わせながら考えよう。

① イメージを決める

カウンセリングでは、お客さまの要望、ライフスタイル、
似合わせなどを考慮しつつ、目指すヘアデザインを決定。
その女性像やイメージは、下記のマトリックスのどのあた
りに位置するか、を考える。

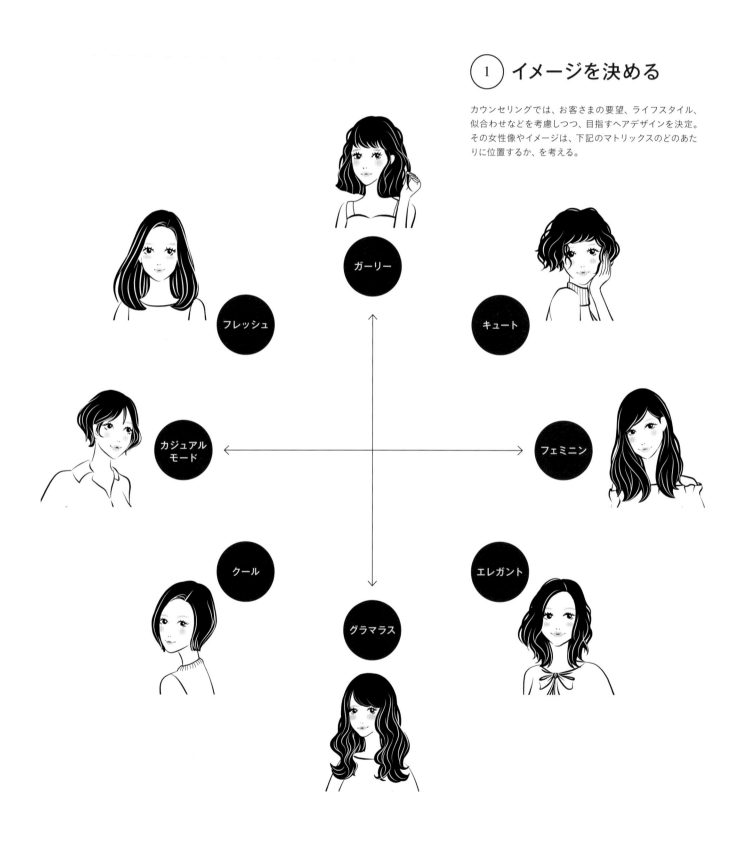

ガーリー

フレッシュ

キュート

カジュアル
モード

フェミニン

クール

エレガント

グラマラス

② 入れる質感を決める

続いて、①で選んだ位置がマトリックス上では「5つの質感」のどのゾーンと被るのか、をチェック。ここで、施すべき質感カットの種類が決まる。その質感の種類に合わせて、具体的に色を選ぶ。

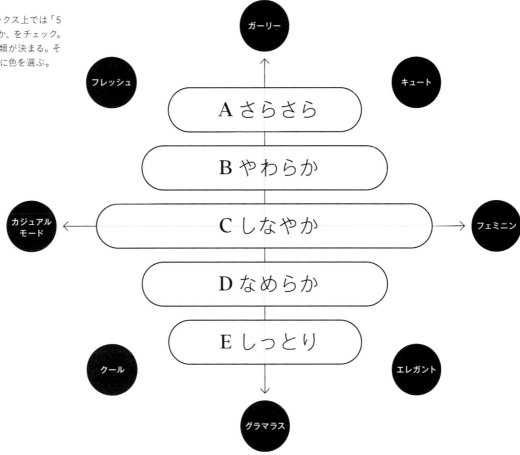

③ 入れる色を決める

「トーン図」を頭に思い描く。①で決めた女性像の付近にあり、かつ②で決めた質感がカバーする範囲の中からトーンを選び、その中から施術する色みを決める。セオリー通りに選ぶなら、①の図で左側のエリアに属するイメージを狙う場合は、寒色系、右なら暖色系を選ぶ（※）。

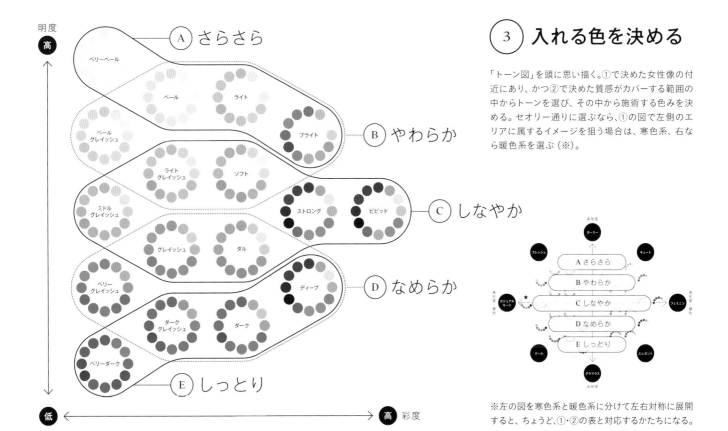

※左の図を寒色系と暖色系に分けて左右対称に展開すると、ちょうど、①・②の表と対応するかたちになる。

付録3 切って使える「質感シート」パネルシート

質感カットの理論を学んでも、どうも、髪の重なりがイメージできない、という人は多いかもしれない。
そこで、『ROSE』で実際に使っている教材を、あなたのお手元に！

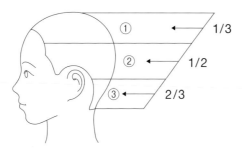

グラデーションスタイル

グラデーションスタイルに入れる質感カットの深さは、セクションが上になるほど浅く、下になるほど深いと決められている。3つのセクションが重なることで、「質感表現ゾーン」が縦に並び、動きや手触りが適切な程度で表現される。

①オーバーセクション（3分の1）

②ミドルセクション（2分の1）

③アンダーセクション（3分の2）

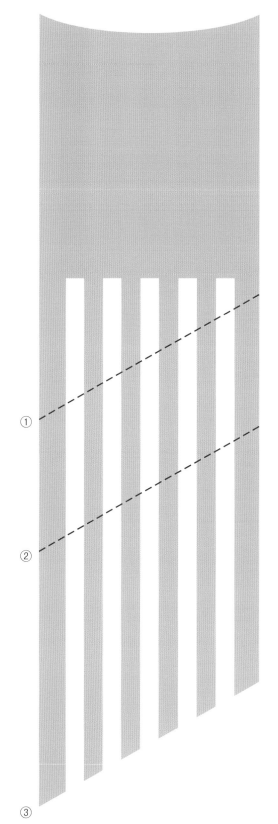

①
②
③

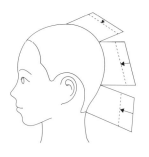

レイヤーベース

レイヤースタイルの場合は、セクションに関係なく長さで入れる深さが決まる（長いほど深く、短いほど浅い）。このような調整を行なうことで、質感表現ゾーンがそろい、自然な質感表現になる。

①ショート（3分の1）

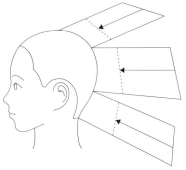

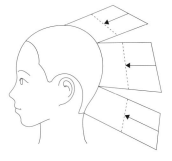

③ロング（3分の2）

②肩上〜ミディアム（2分の1）

使い方

4つのシートを必要に応じてコピー、もしくはダウンロードし、ハサミで切り抜く。それを、ウイッグの頭に貼り付けて、質感カットの重なり、および質感表現ゾーンのつくられ方についてイメージを深める。

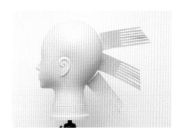

レイヤースタイルの場合は、長さごとに異なる深さで入れることで、縦・斜めスライスにおいて質感表現ゾーンがつながっていく様子を観察できる。

グラデーションスタイルの場合は、セクションごとに異なる深さで入れることで、横スライスでの質感表現ゾーンに自然なつながりを観察できる。

※4つのシートを原寸大にコピーして使うか、こちらのQRコードからダウンロード！

『ROSE』における、実際のカット教育風景。これから質感カットの概念を理解していくスタッフに、このシートを使って説明することで、イメージの深化を促している。質感カットのさまざまなルールが「なぜ存在するのか」を初めに理解し、後の学びの土台にする。

「質感カット」習得マニュアル

誰でも「質感」を自由自在に操れるようになる、魔法のメソッド

2020年12月10日 初版発行
2022年12月21日 第2刷発行
定価／本体3,200円＋税

著 者　　高木達也［ROSE］
発行人　　阿部達彦
発行所　　株式会社女性モード社

【本社】
〒107-0062
東京都港区南青山5-15-9-201
Tel.03-5962-7087
Fax.03-5962-7088

【支社】
〒541-0043
大阪府大阪市中央区高麗橋1-5-14-603
Tel.06-6222-5129
Fax.06-6222-5357

印刷・製本　　株式会社JPコミュニケーションズ
ブックデザイン　寺澤圭太郎
写真　　　　　高橋成自［JOSEI MODE］
イラスト　　　杏七
ウイッグ協力　株式会社ユーロプレステージ

本誌に対するご意見、ご感想をお寄せください。
info@j-mode.co.jp
http://www.j-mode.co.jp

おわりに

17歳で美容業界に飛び込み、右も左も分からなかった時から30年近く経ちました。カット料金も当初は4千円でしたが、今では、地方でありながらも1万円をいただけるくらいにまで成長しました。そして、高単価を実現できたのは、「質感カット」を生み出したからにほかならないと思います。

たとえ技術が自分で満足できるレベルに達しても、次の瞬間にはまた疑問を抱き、自問自答しながらまた満足できるレベルを目指す……。

昔から、ずっとその繰り返しです。10万本の髪を自由に操り、お客さまに喜んでいただけるデザインを提供したい。その一心で、今日まで技を究め続けて来ました。

また、資生堂SABFAでメイクを学んだことも「質感カット」確立のための大きなターニングポイントとなりました。学ぶ楽しさと喜び、そして生みの苦しみなど、多くのことを体感したからこそ、ミリ単位の領域まで見る「目」と、それをかたちにする「手」がアップデートされたのだと思います。それでもまだ先は長い。僕の、時流とともにこらからも変化していくであろう美しさへの追求は、まだまだ続きます。

「質感カット」を通じて、いつか「お客さまに喜んでもらえるようになりました！」「カット料金1万円になりました!!」と、全国各地の美容師さんから声が聞こえてくる日を楽しみにしています。

最後に、今回の企画をかたちにしてくださった（株）女性モード社の皆さま、いつも『ROSE』を支えてくださる関係者の方々、そして連日ウィッグを一緒に創作してくれたスタッフのみんなに、心からお礼を申し上げます。

本当にありがとうございました!!

『ROSE』代表　高木達也

たかぎ・たつや ／ 1974年生まれ。愛知県出身。三重高等理容美容専門学校卒業後、数店舗を経て、2001年、三重県鈴鹿市に『ROSE』をオープン。資生堂SABFAサロンメイクアップコース45期。